사람과 환경이 공존하고

진실이 승리하는 세상을 위하여

이 재 준 올림

재평가의 아이콘
이재준

벌써 1년
그리고
2024를
말하다

재평가의 아이콘
이재준

이재준 지음

책들의 정원

시민을 위한 시민의 정치

오랫동안 좋아하고 읊조렸던 시가 있습니다. 신동엽 시인의 〈껍데기는 가라〉입니다. 위선을 벗어버리고 본질로 돌아오라는 경고이자 정치인들이 품고 가야 할 정치철학일 것입니다. 껍데기가 되지 않겠다고 몸부림치며 살아온 제 평생을 스스로에게 물어보곤 합니다.

정치가 실종됐다는 말을 많이 듣습니다. 적어도 15~20년 전에는 정치란 것이 공익적 지향을 위해 역할을 한다는 최소한의 믿음과 기대가 사회 전반에 있었습니다. 그러나 지금은 국민을 위한 정치라는 말을 꺼내는 것조차 시민들에게 송구하기 이를 데 없습니다. 정치가 추구해야 할 조화와 균형, 약자들의 권리 향상, 보편적 복지 확대, 지속 가능한 성장은 어디론가 사라졌습니다. 정치의 언어가 인문 사회적 상상력은 고사하고 단정적, 적대적인 방향으로만 나아가며 그 끝도 모르게 품격을 떨어뜨리고 있습니다. 끝없이 확대해 나아가야 할 공유적 가치에 대한 열망과 갈구는 사라진 지 오래고 국민의 삶에 있어서 정치란 권리는 행사하며 의무는 이행치 않는 질타의 대상으로 전락하였습니다.

2월 어느 날입니다. 양지바른 창가에 앉아 식사를 하는데 유리창 안은 더워 대부분 겉옷을 벗고 있으나 밖은 추운지 사람들이 웅크리고 뛰어가고 있었습니다. 그때 생각해봤습니다. 우리 정치가 시민의 삶과 투명 유리창으로 분리되어 있지 않나 하고 말입니다. 벽을 허물고 서로 따뜻한 온기를 나눌 수 있도록 다시 시민과 함께 사는 세상 속으로 들어가야 한다는 생각에 마음이 울컥했습니다.

그런데 현실은 어떻습니까? 보이지 않는 벽을 더 두껍게 만드는 정치의 혐오스러운 갈라치기가 계속되고 있습니다. '튀는 자만이 산다'는 노이즈 마케팅의 정치 홍보가 대세를 이루고, 본질보다는 과장하여 홍보하는 일에 더 열중하는 기이한 현상이 거대 흐름이 되어버렸습니다.

'정치는 국민이 하는 것'이라고 합니다. 국민의 삶 속으로 들어가지 못하는 정치는 생산성이 하락하고 퇴출당할 것입니다. 바라만 보는 것이 아니라 함께 땀 흘리고 웃고 우는 정치여야 모두가 승리할 수 있습니다. 어느 한 사람도 포기함 없이, 그 누구도 소외됨 없는 공공의 이익에서 정치 대의를 찾아야 합니다.

도의원 시절 전자파에 관한 논문을 살펴본 적이 있습니다. 2007년 이후 전자파에 관한 논문은 거의 사라졌습니다. 대세를 이루거나 주류가 되면 그를 비판하는 연구를 하기 어렵게 됩니다. 그래서 논문조차 쓸 엄두를 못 내는 것입니다. 보복이나 불이익 등의 문제가 발생하지 않도록 대학이나 연구소, 국가기관이 본연의 역할을 해주도록 정치가 올바름의 뒷배가 되어 든든히 지켜줘야 합니다. 정치는 그런 역할을 하라고 있는 것입니다.

전국 최초로 '경기도교육청 전자파 취약계층 보호 조례'를 발의해 유치원과 초등학교를 '전자파 안심 지대'로 지정해 주변에 통신기지국을 설치할 수 없도록 주위의 만류를 이겨내고 아동의 건강과 공공복리를 제 권한 내 작은 부분부터 바꿔 냈습니다. 이런 일들이 모두 저 이재준의 정치를 말해주는 것입니다.

민주주의란 참 무서운 제도입니다. 우매하고 더딘 듯해도 때가 되면 들불처럼 일어나 자신의 역할을 해냅니다. 이르는 길에 쉽게 갈 수는 없을지라도 결국에는 엄청난 힘으로 '87년 체제'로 상징되는 확고한 시민 민주주의를 만들어 낸 것입니다. 그런 만큼 우리가 피로써 쟁취한 민주주의 제도에 경외심을 가지고 진실로 이 제도를 확대 운용해야 합니다.

이상적 정치, 인본주의에 근거한 낭만적 정치, 합리적인 의사결정과 집단지성에 의한 자정이 이루어지는 정치, 그리고 끝없는 공적 선의를 위한 정치는 끝났다는 언급이 넘쳐납니다. 과연 그런 정치가 가능할까 종종 회의감이 들기도 합니다.

"합리적이지 않아. 어떻게 그런 허황된 공약이 가능하겠어?" 이런 말을 걸러낼 집단지성이 작동하지 않는 경우가 종종 발생합니다. '말꾼'들에 의한 희망 고문에 신물이 난 시민들이 선택할 투표의 피난처는 자신의 이익이 최우선일 수밖에 없습니다. 정치가 스스로 화를 불렀고 선거는 누가 달콤한 거짓말을 더 잘하느냐 하는 장으로 변질되어 버렸습니다.

그러나 민주주의의 숭고한 이념을 결코 포기해선 안 됩니다. 시민과 동고동락하는 시민 참여정치를 복원해야 합니다. 비록 힘들지라도 저부터 계속 그런 길을 가보겠습니다. 더 많은 사람이 그 길을 함께 걷고 나의 이익을 조금 양보해야 더

넓은 길로 다닐 수 있다는 것은 자명합니다.

경제민주화는 한때 사회적 가치였고 지향이었습니다. 심화되는 경제적 불평등과 양극화는 균열의 씨앗이기 때문입니다. 기본사회는 4차산업혁명이 본격화되는 다가올 미래사회의 키워드가 될 것입니다. 비약적 성장이 이루어져도 고용은 오히려 줄어드는 현실에서 기본사회는 필수적일 수밖에 없습니다. 이 두 가지 정책 아젠다 속에는 사람이 있고, 희망의 온도가 있습니다.

하루도 빠짐없이 써왔던 페이스북을 통해 1년을 돌아봅니다. 마주치는 거리에서, 걸려 있는 현수막에서, 뉴스 속에서 구현된 지난 4년 고양시정의 연계성을 외면할 수 없었습니다. 그 마음을 차분히 써 내려갔습니다. 일종의 복기일 것입니다. 제가 고양시에 존재하는 의미 그리고 시민과 함께했던 고양시를 돌아봤습니다. 이 작은 기록으로부터 다시 시작하고자 합니다. 시간을 가르는 계절의 변화도, 불어오는 바람한 줄기도 소홀히 하지 않았습니다. 가슴 뛰던 설레임과 아픔이 고스란히 담겨 있습니다.

정치를 끝낼 때 "그 사람 참 괜찮았어, 그런대로 봐줄 만은 하지"라는 말을 듣는 것이 제 소원입니다. 도의원 시절 약 120여 개의 조례를 만들고 전국 최초라는 수식어가 붙는 법안으로 세상을 좀 더 좋게 만들어 보려, 정치와 시민의 벽을 깨보려 애썼습니다. 고양시장으로 노동 취약계층 유급 병가 지원, 대학생 본인 부담 등록금 지원, 미래용지 지정, 도시재생, 상징건축물 지정 등 정책을 펼쳐가며 사람과 삶 그리고 도시 공간에 대해 집중했습니다. 국민 누구나 기억하는 코로나 시기 드라이브스루 선별진료소, 080 출입관리 시스템을 최초로 만들어 K 방역을 세계에 알렸습니다.

도시는 생각하고 참여하는 시민들의 몫입니다. 시민의 안전을 생각하는, 소외된 부분을 빠짐없이 챙기는, 생활할수록 도시의 발전과 편리함으로 편익이 날로 더해지는, 누구나 한 번쯤 살아보고 싶은 도시가 진짜 도시 아닐까요.

작은 것이 아름답다고 했습니다. 삶에, 민생에, 환경에, 의미에 천착하는 정치, 그런 사람 한 명쯤 있어야 하지 않겠습니까. 요란하지 않으나 심연의 흐름처럼 거대한 전환을 꿈꾸는 생각 있는 정치가 필요한 때입니다.

4차산업혁명이 처음 대두되면서 경기도에 데이터센터가 만들어질 때 일입니다. AI(인공지능)가 자신에게 명령한 사람 중심으로 기능하게 되면 많은 사람이 피해를 보지 않겠는가, 예를 들어 자율자동차가 운행 중 돌발사고 시 많은 희생자가 생길지라도 운전자를 보호하기 위해 시민을 희생하는 경로의 선택을 한다면 그것을 어떻게 막을 것인가, 그런 명령어 주입에 대한 제어와 가치관의 문제를 어떻게 풀 것인가를 고민한 적이 있습니다.

창릉신도시를 설계할 때 중심도로의 높은 건물에는 공유공간을 1평방미터가량 확보하는 게 좋겠다는 의견을 제시했습니다. 미래세대 자율주행이 진행되고 모든 것이 센서에 의해 움직이면 IOT(사물인터넷)를 위한 공공공간이 필요하지 않겠는가라는 생각으로 언급한 것입니다. 미래를 상상하고 그 너머의 세상을 정책에 담을 준비를 하는 것 그것이 정치 영역이고 정치인의 소명입니다.

공공을 위해 일할 기회를 가진 것은 큰 축복이었습니다. 시민들께서 함께 해주지 않았다면 어찌 제가 그런 영광스러운 일을 할 수 있었겠습니까? 깊이 감사드립니다. 아직 소외된 곳 많은 덕양구는 더 치밀한 구상과 열정을 필요로 합니다. 말꾼들에 의한 헛정치가 아니라 일꾼에 의한 진짜 정치의 실현이 절실합니다. 《논어》의 〈자한편〉에 "세한연후 지송백지후조야(歲寒然後 知松柏之後凋也)"라는 것은 "추운 겨울이 와야 소나무와 잣나무의 푸름을 안다"는 말입니다. 이재준이 어떤 시정을 펼쳤는지는 고양시에 겨울이 온 지금 조금은 이해해 주시리라 생각합니다.

고양시장 퇴임 후 지난 1년을 돌아보는 이 작은 책이 인간 이재준을 한 번 더 생각하고, 편견과 오해를 거둬주시며 그리고 왜 고양시가 표류할 수밖에 없는 태생적 한계를 가지고 있는지 알아가는 사색의 반려가 되어준다면 큰 기쁨일 것입니다. 30여 년을 고양시에 살았습니다. 긴 여정을 함께 동행해 준 사랑하고 존경하는 고양시민들께 이 책을 바칩니다.

2023년 10월의 어느 날

이재준

차례

PART 1

시장

해방일기

1장

하루 종일 쉬었습니다. 쏟아지는 잠을 피하지 않아 얼마를 잤는지 모르겠습니다.

다음 날 출근해 업무를 다시 시작했습니다. 그것이 도리고 서운해하시는 분들에 대한 예의라고 생각했습니다. 가장 힘든 사람은 제가 아니라 저의 성공을 바랐던 분들일 것입니다. 그분들이 좌절하거나 상심하지 않도록 의연하게 버텨주는 것이 제 소임입니다.

임기 종료를 앞두고 현장을 방문하는 저를 보고 '진작 다니지' 하시는 분들도 계셨습니다. 얼마나 속상하면 저러실까.

많이 아팠습니다.

'어떻게'란 '시작'도 중요하지만 '어떤'이라고 하는 '끝'도 매우 중요합니다. 미진한 구석들을 찾아 독려하면서 그간 고생한 분들에 대한 미안함을 전했습니다. 천천히 걸었습니다. 같은 걸음으로 걷다 보면 서로 바라볼 수 있고 숨소리까지 들을 수 있을 것입니다.

저에게 가장 큰 스승은 '문제'와 '현장'이었습니다. 문제가 있어야 목표의식이 생기고 그 문제를 해결하기 위해 뛰어다녀야 많은 관점이 존재한다는 걸 알기 때문입니다. 미흡하지만 열심히 살아냈던 4년의 마지막 정리를 하는 시간입니다. 그냥 나답게, 경청하고 돌아보는 한 달입니다.

2022년 6월 3일

고봉산 전망대 개방

오랜 염원이었던 고봉산 전망대가 50년 빗장을 열고 민간에 개방되었습니다. 수많은 요구와 시도의 결과일 것입니다. 선거 기간 시민 개방 행사에 함께하지 못했지만, 휴가 중 시간 내어 찾았습니다. 탁 트인 전망, 석양과 일출을 동시에 볼 수 있는 고양의 명소입니다. 특히 일산을 바라보며 즐기는 석양은 이만한 장관을 찾기 어려울 것입니다.

오래 매달렸습니다. 이곳에서 2023년 일출 행사를 시민들과 함께 여는 꿈을 꿨습니다. 시민들께서는 전망대 하나가 왜 그리 어려웠는지 왜 그리 집착했는지가 중요 관심사가 아닙니다. 많은 것들이 시민들께는 그저 당연한 일상에 주어진 것일 뿐입니다. 정치는 묵묵히 뒤에서 시민들의 그런 자유를 만들어 가기 위해 존재하는 것입니다.

시민들이 걸을 수 있는 고봉산 공간을 그리는 일은 쉽지 않았습니다. 밀고 당기고 여러 차례의 협상을 통해 최종안이 확정되었을 때 환호성을 지르고 싶은 심정이었습니다.

'와, 됐구나, 누구도 못 한 것을 드디어 해냈구나!' 별것이 아닐 수 있지만, 그 별것을 해내는 역할을 부여받은 저는 행복한 사람입니다. 토지 사용 승낙을 받고 군부대와 공사 일정을 협의하며 가파른 산등성이에 데크가 하나둘 놓이는 현장을 보면서 뿌듯했습니다. 고양시의 주산인 고봉산 정상을 개방하기 위해 고생하신 분들과 축하 인사를 나누며 함께 걷지 못해 아쉽습니다. 고마움을 표할 길 없어 마음에 새깁니다. 낙선의 아픔은 점차 잊히겠지만 고봉산 정상이 시민 품에 돌아온 것은 오래도록 기억에 남을 것입니다.

고봉산 전망대에 선 지은이

고양 일자리 미래비전

　88층 랜드마크 타워, CJ 본사 이전 추진 등 고양시 30년을 다시 쓰게 될 미래 비전이 고양시 도시건축위원회 협의 중에 있습니다. 많은 정치인이 이런 것을 하겠노라 저런 것을 하겠노라 약속합니다. 대부분 그 약속은 지켜지지 않고 '다시 한 번 더'의 족쇄가 되기도 합니다. 또 그런 헛된 약속에 대해서도 책임을 묻지 않고 비교적 관대합니다. '정치, 다 그런 것'이라면서 말입니다. 그러나 '정치가 다 그런 것 절대로 아닙니다.' 그것을 확인시켜 드리고 희망 고문을 하지 않기 위해서 더 열심히 뛰어다닌 것 같습니다.

지지부진한 자족 도시의 건설 어떻게 하면 실현할 수 있을까. 경기 테크노밸리 1호는 양주, 다음 경기도 2호 사업이 되지 못하면 토지를 팔 가망이 없어진다는 판단에 700억 원이 넘는 돈을 기금으로 적립했습니다. "경기도에서 두 번째 테크노밸리는 반드시 고양시여야 한다." 수없이 지시하고 되뇌인 말입니다. 경기도 내 테크노밸리를 추진하는 곳이 10여 곳이 넘는 상황에서 세 번째 네 번째 착공하게 되면 기업을 유치하기가 쉽지 않을 것이라는 판단이었습니다.

"돈이 부족하면 우리 것을 먼저 사용하시라. 다른 도시는 돈까지 경기도가 빌려줘야 하지 않느냐. 우리는 다 준비되었다." 그렇게 해서 일산 테크노밸리 착수를 매듭짓고 코엑스에서 기업 설명회를 가졌습니다. 시장이 직접 기업인들을 상대로 부지 세일즈에 나선 것입니다. "우리는 부지를 팔러 온 것이 아니라 고양시의 미래를 팔러 왔습니다." 말처럼 고양시의 미래 가치를 팔고 싶었습니다. 일산 테크노밸리에 입주하는 기업에게는 평당 80만 원씩 지원금을 주는 제도까지 만들었습니다. 이 일이 끝나고 바로 고양시 대표 기업 유치와 랜드마크를 위해서 CJ라이브시티 협상에 매달렸습니다. 우리의 전략은 본사 유치와 이렇다 할 상징이 없는 고양시 랜드마크인 고양타워를 세우는 것이었습니다. 이미 착공된 영상 밸리와 보상하고 있는 테크노밸리, 정부 예비 타당성 사업으로 확정된 킨텍스 3전시장 그리고 CJ라이브시티는 고양 경제지도를 바꿀 것입니다.

민선 7기 4년, 일할 수 있도록 기회를 주심에 감사드립니다. 누구에게나 그런 기회가 주어지는 것도 아니고 또 누구나 같은 결과를 이끌지 못합니다. 운도 많이 따랐습니다. 능력 있는 공직자를 만난 건 행운이었습니다. 수도권정비계획법 등 3종 규제를 피해 고양시의 독립적인 경제정책을 수립하기는 쉽지 않습니다. 아쉽지만 고양시 정치의 새 역사를 쓰고자 했던 열정으로 기억에 남았으면 좋겠습니다.

CJ라이브시티는 88층 랜드마크 타워 등 일산 CJ라이브시티 조성 사업이 순항 중에 있고 고양시와 협의를 거쳐 고양시 도시건축공동위원회의 심의를 진행 중이라고 밝혔습니다. 특히, '글로벌 콘텐츠 비즈니스 타운'에는 콘텐츠 관련 업무 시설과 함께 88층 규모의 랜드마크타워(370m 이상)가 지어지며, CJ라이브시티 본사 등이 입주할 업무 시설도 조성된다고 말했습니다.

88층 랜드마크타워 등 일산 'CJ라이브시티사업 조성' 순항

[고양/뉴시스, 김도희 기자 2022년 6월 4일] K-콘텐츠 경험시설

과 88층 규모의 랜드마크 타워 건립 등 일산 'CJ라이브시티 사업'이 순항 중이다.

CJ라이브시티는 고양시와 협의를 거쳐 고양시 도시건축공동위원회의 심의를 진행하고, 올해 하반기에는 건축허가를 추진하는 등 사업 추진에 박차를 가할 예정이라고 4일 밝혔다.

탄소지움카드

　　'고양 탄소지움카드'가 출시되었습니다. 'COP26'에서 토론 주제는 대도시 안에서의 탄소 중립 실천 방안이었습니다. 에너지 소비가 가장 많은 도시에서의 절감 방안을 만들어야 실제적인 효과를 낼 수 있기 때문입니다. 대도시 생활 속에서 탄소 절감을 어떻게 이뤄낼 것인지는 모든 도시가 안고 있는 숙제이고 운명입니다. 고양시는 그 과제를 선도적으로 추진하고 있으며 KT와 협업하여 첫발을 내디딘 것입니다. 재활용에 참여하면 포인트를 지역 화폐로 전환해 사용할 수 있게 돌려주고 대중교통을 많이 이용하면 공휴일에 버스를 무료로 태워주는 방식입니다. 그렇게 해서 자가용 이용량, 기름 사용량을 줄이는 방법을 수치화하고 테스트 베드 역할이 끝나면 세계가 그 절감 방식을 채택하는 선도 사업입니다. 코로나19 때 드라이브스루 선별진료소, 080 전화 출입관리 시스템 개발 등 혁신 고양시가 또 한 발 앞서가는 탄소 중립 실천에 '사고 아닌 사고'를 친 것입니다. 고양시의 환경정책은 우리나라 지방정부를 선도하며 나아가 세계 속에 사례로 당당히 보고되고 있습니다. 탄소 중립은 미래의 문제가 아니라 오늘의 현실이고 남이 해주는 것이 아니라 스스로 책임져야 하는 내 몫입니다. 많은 분이 동행하는 즐거움을 서로 느꼈으면 좋겠습니다.

탄소지움카드는 일주일에 한 번 버스를 타면 성인 기준으로 최대 2,900원 상당의 포인트가 적립되고 기후·환경 교육을 수료하거나 지역난방을 절감해도 별도 포인트가 적립됩니다. 명분이 좋아도 불편하거나 이득이 없다면 행동하기까지는 쉽지 않을 것입니다. 내게 실질적 이익이 되는 사회, 그것이 탄소중립사회의 궁극적인 목표입니다.

버스 4번 타면 1만1600점 적립—KT, 탄소 절감 지역화폐 출시
(종합)

[서울, 뉴스1, 윤지원 기자, 2022년 6월 7일] KT가 고양시와 함께 탄소 저감 카드를 출시했다. 대중교통 이용 등 탄소 줄이기 활동에 참여하면 포인트가 지급되는 일명 '탄소지움카드'다. 여기에 KT는 지역 화폐 기능을 추가하고 나아가 지역 커뮤니티 플랫폼까지 구축하겠다는 목표를 밝혔다.

해움과 새들 창작공간

'해움'과 '새들', 고양시에 있는 화가들의 창작 공간 이름입니다. 오래되고 낡은 600년 전시관과 신평군 막사를 고쳐 화가들의 창작 공간으로 만들어 본격적으로 입주 작가 모집에 나섰습니다. 접근성이 좋은 '해움'과 한강을 바라보는 '새들'은 고양시 창작 공간의 새 지평이자 산실이 될 것입니다. '함께 움트다'라는 의미로 출발하는 '고양 예술 창작 공간 해움'은 호수공원의 높은 접근성을 활용하여 전시와 창작 교육 및 워크숍 등의 행사에 중점을 맞춰 운영됩니다. '해움'에는 언제나 밖에서 작품을 감상할 수 있는 365일 전시관을 배치했습니다. 미술작품에 대한 거리감을 없애기 위해서입니다. 지나가다가 휙 돌아서 보면 작품을 감상할 수 있도록 말입니다. '신평 예술 창작 공간 새들'은 '새로운 들판'이라는 뜻입니다. 한강 철책을 지키는 군인의 막사로 사용되던 공간을 리모델링해서 문화 소외 지대의 유휴 공간을 미술 창작 공간으로 활용하는 것입니다. '새들'에는 설치 작가 작품이 울타리 대신 쳐지고 한강 낙조를 벗 삼아 그림과 함께하는 음악회가 열렸으면 좋겠다는 생각을 바람에 실어 보았습니다. 화가들의 창작 공간 지원은 오랜 목마름이었고 예술인들과 지켜야 할 작은 약속이었습니다.

그간 고양시는 미술관 투자에 인색했습니다. 1층에서 직접 지하층으로 연결되지도 않았고 지하 3층 미술관은 계단을 걸어서 내려가야 했습니다. 미술관을 밖에서도 알아볼 수 있도록 1층에 별도 출입구를 만들어 엘리베이터를 설치하고 미술관도 리모델링 했습니다. "왜 미술관 설치 공약 지키지 않습니까?" 시의회에서 질문을 받았습니다. "새로 짓는 것만 시립미술관이 아니라 현재의 공간을 재구성하는 것도 중요하다고 생각합니다"라고 답했습니다.

이렇게 시립미술관 형태를 갖추는데도 약 80억 원 가까운 예산이 들었습니다. '정발산 역에서 내려 아람누리로 올

해움의 전시 공간

라오면 바로 눈앞에 미술 전시가 열리고 지하 1층 음식점, 카페 자리엔 다양한 전시관과 미술 관련 공간이 입주해야 한다. '롯데백화점 횡단보도를 건너면 바로 미술관으로 내려올 수 있도록 전정 구조를 리모델링하고 회랑에는 누구나 작품을 전시할 수 있도록 무료 전시 공간을 제공하자. 1층 상부에 지나가는 사람들을 유인할 수 있도록 투명 유리로 된 휴게 공간도 갖췄으면 좋겠다. 아람누리를 사람이 편히 거니는 골목으로 만들자.' 미완으로 그쳤지만 그런 그림을 그렸습니다. 공간은 점유가 아니라 활용으로서 그 의미가 익어갑니다.

고양시 예술창작공간 제1기 입주작가 모집

개별 창작 공간·육성 프로그램 지원 받아

[고양, 시민일보, 이기홍 기자, 2022년 6월 13일] 고양시가 시각 예술가를 대상으로 오는 6월 24일까지 산하 예술창작공간의 제1기 입주작가를 모집한다.

배달 종사자 안전장비 지급

　전국 최초로 만든 '고양시 배달 종사자 안전 지원 조례'가 KBS 뉴스에 보도됐습니다. 사회적 약자, 취약 노동을 살피는 것은 지방정부가 마땅히 나서야 할 일입니다. 어려운 이웃을 돌보는 맞춤형 정책은 중앙보다 지방정부가 더 잘할 수 있습니다. 사건이 터지면 너도나도 SNS에 포스팅하기 바쁘지만 그때뿐입니다. 죽음은 결코 소재가 될 수 없습니다. 과도한 작업량에 따른 연이은 과로사가 뉴스를 장식한 적이 있습니다. 세계 10위의 경제대국인 우리나라에서 일어난 일인지 귀를 의심하게 됩니다. 산업의 성장 속도에 맞춰 배달 종사자의 노동 강도를 분석해야 합니다. 특히 무거운 배달 상품의 분리 포장과 작업량 조절, 폭염 발생 시 휴식시간 부여 등 안전장치가 있어야 사람이 살 수 있습니다.

"어떻게 방법이 없을까요?" 오토바이로 배달 아르바이트를 하던 학생이 빗길에 미끄러져 돈을 벌기는커녕 수리비 80만 원을 물게 생겼다며 하소연을 해왔습니다. 수리비 전액을 사업주가 부담하기로 조정되었지만 이 일은 청소년 노동에 대한 인식을 증진하는 계기가 되었고 청소년에게 노동법에 대한 기본 교육을 실시하고 급여를 못받는 경우에도 도가 먼저 지급하고 구상권을 청구할 수 있도록 '근로청소년 인권증진 및 우수 업체 지원'에 관한 조례를 만들었습니다. '카트'란 영화에서처럼 아르바이트비를 못 받아 억울해하는 일이 없도록 하기 위함입니다. 코로나19로 급증하는 택배 사업과 배달 종사자 처우 문제와 관련하여 전국 최초로 '고양시 배달 종사자 인권 및 건강증진에 관한 조례'를 제정하여 1,000여 명에 대한 안전교육 실시와 장비 지원이 이루어지도록 했습니다. '잠시 근무하는 데 장비를 제대로 갖추긴 어려울 거야. 필요 장비를 지원해주면 어떨까.' '지원만 하지 말고 기본적인 안전교육을 실시해 다치는 사람이 없도록 해보자.'

매년 반복되는 과로사는 사회적 타살입니다. 배달 종사자도 사람이며 안전한 환경에서 근무할 권리가 있습니다. 플랫폼 산업이 성장하고 편리하면 편리할수록 배달 종사자에 대한 고마움과 배려 의식도 함께 높아졌으면 좋겠습니다.

배달업 종사자 안전 교육에 장비 지원까지 '호평'

[KBS, 김건우 기자, 2022년 6월 17일] 앵커: 코로나19로 인한 사회적 거리 두기 기간에 배달업 종사자의 수가 급증했지만 이들에 대한 교통 안전 교육은 미흡하다고 합니다. 전국 기초자치단체 가운데 처음으로 경기도 고양시에서 안전교육 프로그램을 진행하고 있는데요. 고양시는 지난해 자치단체 가운데 최초로 천여 명에게 안전장비 구입 비용 10만 원씩을 지원했었는데 올해는 지원 금액을 20만 원으로 올리는 대신 안전교육 이수를 조건으로 둔 겁니다.

행주대교 부근에서도 제2자유로 이용

덕양구에서 차량 운행이 가장 많은 행주대교 부근에서는 제2자유로를 이용할 수 없었습니다. 이 불편을 해소하기 위해 아이디어를 내고 수차례 현장을 방문하여 예산을 편성하고 설계를 마쳐 경기도 계약심사를 신청하였습니다. 경기도의 최종 계약심사가 통과되었다는 보고입니다. 자유로가 꽉 막혀 안절부절못했던 기억 있으실 것입니다. 그런 경우 제2자유로를 선택해 교통을 분산할 수 있고 덕은지구나 상암동을 이용하기가 수월해질 것입니다.

특히 덕은지구 입주자들은 대중교통이 매우 불편합니다.

제2자유로

행주산성을 지나는 노선버스 중 일부를 제2자유로로 변경하여 덕은지구를 경유하게 한다면 버스 회사도 이익이 날 것이고 주민 교통편의도 좋아질 것입니다. 최소한 시청과 일산 라페스타와 연결되는 노선 하나씩은 확충되어야 할 것입니다.

제2자유로는 구조적으로 덕양에서는 타기 어렵게 만들어졌습니다. 일산의 큰 간선도로에서는 연결이 자유로운데 덕양에선 섬말다리 인근에서 겨우 탈 수 있습니다. 그러나 이곳 진출입로를 아는 사람도 드물고 이용하는 차량도 제한적입니다. 도로를 만들고도 정작 사람들의 이용이 원활하지 않았습니다. 파주와 일산의 교통 소통이 우선 고려 대상이었기 때문일 것입니다. 지나는 모든 곳의 효율적 이용을 최대한 높이는 것이 도로설계의 기본 원칙입니다.

세상은 합리와 혁신으로 변화란 흐름을 만들어 냅니다. 이로써 고양시는 10여 년 갇혔던 세계를 또 하나 열어젖혔습니다. 구조적으로 어렵다던 행주대교 부근에서의 제2자유로 자유이용권, 고양시민께 돌려드립니다.

아프면 쉴 권리

좋은 정책은 바람에 흩날리지 않습니다. '노동취약계층 유급병가 지원 조례', 노동 약자들이 병원을 갈 경우, 휴가보상비 8만 원/일(최대 24만 원)을 지원하는 제도입니다.

아프면 쉴 권리는 모두가 누려야 하는 보편적 권리입니다. 연차 휴가가 보장되지 않는 작업장이나 일당으로 일하는 특수형태 노동자들의 건강권을 배려한 고양시의 돋보이는 마음입니다. 코로나 시기 검사 대상인데도 검사 받으러 나오지 않는 경우가 종종 있었습니다. 검사를 받지 않는 이유를 물어보았습니다. "검사 받으러 가면 일당은 누가 줍니까" 하고 되묻

는 것이었습니다. 순간 '아차' 싶었습니다. 그분들께는 코로
나보다 더 절박한 것이 하루 먹고 살아갈 일당이었던 것입니
다.

병을 미루면 더 커지게 마련입니다. 조기에 치료를 받아 예
방할 수 있으면 의료비가 적게 듭니다. 산에 많이 다니도록
국립공원 입장료를 없앤 것이 건강보험 지출을 줄였다는 보
고도 있습니다. 적기 치료는 의료비를 절감할 것입니다. 이
런 예산은 국민건강보험에서 반쯤 지원해도 될 듯합니다. 현
장에서 마련된 생생한 정책이고 힘든 코로나 시기를 우린 이
렇게 서로 의지하며 견뎌냈습니다. 일당을 손해 보지 않고 1
년에 3일 정도 유급 휴가를 받아 병원에 가서 진료를 받을 수
있는 권리, 노동 취약계층께 드리는 고양시의 훈훈한 정입니
다. 취약 노동자 유급휴가 신청 접수 현수막이 곳곳마다 바람
에 휘날립니다.

경기도시공사에 하늘을 팔다

봉이 김선달 같은 얘기가 아닙니다. 실제로 고양시에서 일어난 일입니다. 경기도시공사 부지의 용도를 변경해주고 이익금 중 일부를 고양시 재산으로 환수했습니다. 285억 원 상당을 고양시에 공공기여 하도록 한 것입니다. 경기도시주택공사 부지의 용도변경에 따른 합리적 공공기여로 건물(185억)과 현물(100억)을 받기로 협약했습니다. 시와 시민에게 최대의 이익이 되도록 챙기는 것이 올바른 시정입니다. 오랜 기간 협상에 임하여 합리적 기여 방안을 도출해주신 고양시와 경기주택도시공사에 감사드립니다. 그 부지는 원래 킨텍스

지구 환경시설 용지로 매각 대상이었습니다. 유은혜 의원님과 부지사를 만나 "테크노밸리 영상밸리 지구의 중심에 있고, 기업지원센터 등이 들어서기 좋은 자리입니다. 매각을 멈추고 존치해서 공공용도로 사용되어야 한다"라고 존치의 당위성을 역설했습니다. 결국 매각은 중단되고 금싸라기 땅인 그곳에 경기도시공사가 들어왔습니다. 경기도시공사 북부사업단 사무실로 사용하고 있는 그곳에는 3개 경기도 산하기관과 기업성장센터가 입주하며 고양시와 협력의 날개를 달고 날게 될 것입니다. 일산테크노밸리와 영상밸리 중앙에 고양시가 활용할 수 있는 공간이 마련돼 이제 입주기업 지원업무 또는 경기도 산하 기관과의 협력 업무를 더 원활히 추진할 수 있을 것입니다. 같은 식구끼리 또 어차피 고양시에 남을 건데 너무 빡빡하게 따진다는 말을 들으면서도 합리적으로 조정되도록 협의했습니다. 공공부지일지라도 용도변경에 따른 이익은 서로 나눠야 하는 것이 올바른 셈법입니다. 공간도 자산입니다.

경기관광공사 등 경기도 4개 공공기관 고양시로 이전

[도시계획과 2020년 4월 8일] 고양시(시장 이재준)는 일산동구 장항동 일원의 고양관광문화단지 내 경기관광공사 이전 등 4개 경기도 공공기관 이전(약 300명 규모) 및 기업성장센터 건

립을 위한 도시관리계획 변경 제안서가 경기도시공사로부터 제출됐다고 8일 밝혔다. 앞서 지난해 12월 고양시·경기도·경기도 공공기관은 '도 공공기관 경기 북부 이전 업무협약'을 체결해 경기관광공사, 경기문화재단, 경기도평생교육진흥원 등 경기 남부 지역에 위치한 3개 경기도 공공기관(약 160명 규모)을 고양시로 이전하기로 결정한 바 있다. 또한 이번 경기도시공사에서 제출한 도시관리계획 변경 제안서에는 공공기반시설에 대한 공공기여 계획도 일부 포함돼 있어 기반시설 개선 및 확충에 일조할 것으로 보이며, 기업성장센터 건립으로 양질의 일자리 창출 및 지역 경제 활성화에도 도움이 될 것으로 예상된다.

10년간 미완성 식사동 체육센터
막바지 점검

식사동 체육센터 공사현장을 찾았습니다.

 * 수영장 7레인(+어린이 3)
 * 볼링장 32레인
 * 테니스 2코트

체육센터는 위시티 개발이익으로 주택조합이 설치하여 고양시에 기부채납 해야 하는 시설입니다. 내부공사를 마치고 가동 점검 중이며 외부 조경 작업을 진행하고 있었습니다. 애초에 5월 말 완료 1개월 시범 운영 후 7월부터 시민 개방이었는데 조금 늦어진다는 설명입니다.

시장이 방문한다고 하는데도 공사대금을 받지 못한 시공사가 유치권을 행사하며 막아섰습니다. 이런 일이 어떻게 가능하냐고 질책하며 강행 의사를 밝혔고 최종적으로 문을 열도록 했습니다. 주민 대표들과 함께 시설을 돌아봤습니다. 시설 자체로는 흡족했고 마감만 제대로 하면 될 것입니다. 식사동 체육센터는 오래전에 준공되어 시민께 돌아왔어야 하는 시설입니다. 아파트 분양해서 돈은 다 챙기고 설치해줘야 하는 기반시설은 차일피일 미루는 것이 지역주택조합의 오래된 폐습입니다. 구조적 병폐이고 끊어내야 할 고리입니다.

그래서 식사 2지구 사업과 체육센터 착공과 준공을 연계했습니다. 사업자는 체육센터 공사를 시작했고 7월 개방을 약속했습니다. 2지구 준공 승인 신청이 들어왔을 때 기반시설 미비로 승인을 보류하고 2지구 기반시설 설치비 전액을 별도 통장에 예치토록 했습니다. 입주가 예정되어 있어 꼬리를 물고 이사 대란이 일어날 것이라는 '엄포성' 보고가 들어왔습니다. "그렇게 하니 매번 조합에게 당하지 않았느냐? 모든 입주 예정자에게 입주가 연기될 수 있다는 사전 통지서를 보내라"고 지시했습니다. 결국 2지구 기반시설 설치비는 준공 승인

전 별도 통장에 전액 예치되었습니다. 덕이지구와 식사지구 기반시설은 아직도 시로 다 넘어오지 않았습니다. 10년이 지났는데도 말입니다. 이런 조합주택의 불합리한 관행을 근절시키기 위해 식사동 체육센터 준공을 2지구 승인과 연계 7월 완공 약속을 받은 것입니다. 마지막까지 미흡한 점은 없는지 살펴보는 것이 시장의 도리라 생각했습니다.

2장

2022년 7월 1일~12월 31일

광장에 앉아있는데 무릎담요 하나가 전해졌습니다.

"괜찮다"고 했지만 "필요한 분들께 나눠주려고 만들어 온 것"이라고 말하며 떠밀고 가는 것이었습니다. 참 따스했습니다. 허허벌판에 서 있어 본 사람은 압니다. 아무리 많은 옷을 껴입어도 춥다는 것을. 작은 무릎담요는 매서운 추위뿐 아니라 움츠러든 마음까지 녹여주었습니다. 온몸을 칭칭 동여매도 파고드는 매서운 추위는 막을 방법이 없습니다. 아는 이 하나도 없는 낯선 광장에서 이렇게 반가울 데가 없었습니다. 그 작은 무릎담요 하나가 난로보다 더 빠르게 피를 순환시켰고 빙점을 무너뜨렸습니다. 경황없이 돌아와 배낭을 열고 무릎담요를 빨아 널었습니다. 곱게 접으면서 "고맙습니다." 전할 길 없는 이 한 마디 말로라도 하고 싶어 그분께서는 보지 못할 SNS에 남겼습니다. 오래 갈 것입니다. 뜻하지 않은 여운과 기적 같은 행운은. 다시 만나도 알아볼 수 없겠지만 사랑과 배려가 남아있는 이 사회를 다시 사랑하기에 충분합니다. 다시 봐도 색상 참 곱네요.

재난 불평등 대책 물 건너가나

기후위기로 인한 집중호우가 세계화된 서울의 민낯을 드러냈습니다. 온난화로 인한 자연재해의 위험을 막을 최소한의 시스템도 구축하지 않은 거대도시 서울의 위험성 전가가 세계뉴스를 탔습니다. 이윤과 욕망은 저지대와 물길도 메워버린 채 비싼 건물을 지었고 모든 것이 과학적으로 가능하다며 시멘트로 덮어버렸습니다. 예측치를 넘어서면 재앙인데 반복되는 자연재해는 '제논의 법칙'처럼 영원히 극복될 수 없습니다. 이런 상황이 또 발생하면 그땐 80년 아닌 100년 만의 폭우라고 변명할 것이고 또 다른 구조물로 대체할 수 있다고 근거를 만들어 과학을 들먹일 것입니다.

오세훈 서울시장이 내세운 반지하를 없애겠다는 정책은 실현 불가능한 일입니다. 서울은 전국 반지하 주거의 60% 이상을 차지하고 고시원 등 준주거에서 생활하는 분들도 수십만 가구에 이릅니다. 사회적 약자로 불가피하게 서울에 살아야 하는 시민들에 대한 안심 주거대책은 없고 일방적으로 소멸시키기로 한다면 주거약자는 어떻게 살아가야 하는지 대안도 함께 내놔야 합니다. 사회주택 건설을 공산주의라 말하는 주거정책 담당자들에서 이 사회의 절망을 느끼는 현장 활동가들의 푸념을 듣곤 합니다.

덴마크 어느 도시에선 철도를 지하로 묻지 않고 반지하로 다니게 했습니다. "소음 때문에 철도 위를 덮지 않으면 시민들의 불평이 없느냐"는 질문에 "비가 오면 지상 1층이 잠기면 시민 피해가 더 크기 때문에 그런 경우 철도로 물을 흘려보내고 바다와 가까운 펌프장에서 빗물을 품어내 홍수를 방지한다"는 것입니다.

철도가 지나는 전역을 덮고 그 위에까지 집을 지어 팔겠다고 하는 사람들에게 기후위기나 재난 또는 다음 세대를 위한 여백을 말할 용기가 나지 않습니다. 재해에 대한 대책은 자연에 대한 겸손입니다. 과학은 그때까지의 경험치들이 만들어

낸 결과일 뿐입니다.

지하 빗물저장 터널을 만든다고 합니다. 30만 톤, 50만 톤
이란 체적은 고정값입니다. 시간당 100밀리리터가 올 때 몇
시간이나 버틸 수 있는가. 양만 중요한 값이 아니라 버틸 수
있는 시간 값이 반영되어야 합니다. 가두는 것은 순간적인 미
봉책은 될 수 있어도 지속적이지 않습니다. 하천은 모든 면적
위의 물을 순식간에 위치변동을 가져오는 흐름이지만 지하
빗물저장 터널은 멈춰선 정지 개념입니다.

지구온난화에 따른 기후위기는 더 많은 여백과 재자연화를
요구하고 있습니다. 서울은 기후위기 앞에서 욕망을 자제해
야 세계도시로 영속적인 발전을 추구할 수 있습니다. 재난 불
평등은 사회 곳곳에서 일어납니다. 특히 거대화되고 고급화
된 도시일수록 그 정도가 심할 것입니다.

고양 전국 청소년 60초 인권영화제

　인권은 끝없는 사유이고 교육입니다. 서로가 스승이고 넘어서야 할 자기 부정 과정의 연속입니다. 주도적으로 추진한 인권정책을 돌아봤습니다.

　* 근로청소년 노동인권조례

　* 외국인 인권지원조례

　* 무장애도시 활성화 조례

　* 비정규직 차별금지 및 무기계약 전환조례

　* 직장어린이집 이용 비정규직 차별금지 지침 마련

* 미혼모.부 양육비 지원조례

　* 경비원 갑질 방지 및 처우개선 조례

　이 모두는 인권의 보편적 지향을 넓히는 제도화의 일환이 었습니다. 올해, 첫걸음 하는 제1회 대회지만 전국 최고의 청소년 인권영화제가 되길 바랍니다. 높은 건축, 큰 쇼핑몰, 대형시설 등으로 대표되는 유명도시보다 세계 제일의 청소년 인권영화제가 열리고 그곳에서 표출된 인권문제가 유엔에서 또는 사회활동가들의 중심 주제가 되는 도시가 멋진 도시란 생각을 가져봤습니다. 남북분단과 금정굴의 치유되지 않은 아픔을 안고 살아가는 고양시에 맞는 전국 청소년 인권영화제입니다. 부산 등 국제영화제가 열리는 거리처럼 언젠가는 라페나 웨돔, 장항 막사에서 청소년 인권영화제가 열리고 인권 포럼에 참여한 세계 청소년들이 북적이며 토론으로 날을 지새울 거로 생각합니다. 환경에 관심을 가진 툰베리가 세계 지도자들의 생각을 바꾸라고 압제하듯이 60초 인권영화제에서 출품된 한 장면이 인권의 장벽을 쌓고 있는 세계 지도자들에게 부끄러움으로 작동할 수도 있을 것입니다.

　우리가 누리는 모든 권리와 자유는 그를 위해 투쟁했던 많은 분들의 희생 위에 쌓인 퇴적물입니다. 오늘 인권영화제도 더 높은 인권을 향한 주춧돌이 될 것입니다.

호수공원 녹지 축(평화마루) 포스팅

상상을 더 해야 그 너머를 볼 수 있습니다. 호수공원 한울 광장, 녹지 축 연결 공사가 완료되었습니다. 석계산을 철거하고, 단절된 도로 위에 녹지 축을 조성, 일산 문화광장보다 더 큰 푸른 광장을 만들었습니다. 어디서나 호수공원을 볼 수 있고, 막혔던 공간을 하나로 열어 낙조도, 야경도, 버스킹도 즐길 수 있는 모두의 터 가칭 '평화마루'를 만들었습니다. 호수에 비친 노을에 편지를 쓰며 찐한 그리움 담아도 보고 맨 꼭대기 버스킹 존에서 멋진 연주나 혹은 연인끼리 이어폰 나눠 끼고 흠뻑 음악에도 취해 보면서 블록마다 하나둘 세며 함께 걸었던 좋은 사람 얼굴을 어둠 속에도 볼 수 있도록 하얗게 새겨가며 당신이 있어 모든 것이 완벽해지는, 좋은 곳 하나 준비해 두었습니다. 이제, 당신이 사진 한 장만 포스팅하면 모든 것이 '끝'입니다.

한울광장에 무대를 차리고 가을을 노래하면 잔잔한 호수 황금빛으로 일렁이고 호수로 카페마다 흘러나오는 노래 작은 언덕은 객석이 되고 함께 하는 이웃 모두 연주자가 되어 호수공원 한울광장, 녹지 축(평화마루) 연결로 사랑이 머무는 그곳, 그대의 가을 추억이 서려 있을 평화마루 한 아름을 선물합니다. 평화마루는 정발산, 호수공원, 한류천으로 이어지는 신 성장축의 연결입니다. 평화마루는 당신의 세상입니다.

일산광장 연결로 평화마루

2022년 9월 4일

수수떡과 어머니

　누나 형 남동생 여동생의 한가운데에 낀 나는 돌봄을 받거나 응석 부린 기억이 별로 없습니다. 아예 그럴 형편이 아니었다는 말이 맞을 것입니다. 그런 상황에서도 어머니께서 떡을 좋아하는 내게 해주시는 특별식이 있습니다. 한 해도 빠짐없이 논 한 마지기에 소출이 적은 찹쌀 농사를 지으시고 밭이랑 몇 골에 수수를 심으셨습니다. 각종 제사와 부실한 아들 몸보신을 해주기 위해서입니다. 유독 허약체질로 태어난 자식을 위해 시골에서, 시할머니 시부모 층층시하에서 어머님 힘으로 해줄 수 있는 유일한 챙김이셨습니다. 옷이 흥건할 정도로 땀을 많이 흘려 당귀 넣은 찹쌀 백숙을 자주 먹어야 했습니다. 보릿고개 다 넘어갈 즈음 생일인 내게 찹쌀 수수떡은 자존심이고 어머님 정을 받는다는 증표였고 '빽'이었습니다. 자취방에도 간혹 인절미를 보내 냉동실에 보관토록 하셨습니다. 고기가 귀했던 시절, 뱃심 든든하기엔 찹쌀만한 것이 없다고 하시면서.

그런 어머니께서 코로나로 입원하셨습니다. 병원에 필요하신 물품을 넣어 드리고 전화로 문안 여쭙는 마음이 영 편치 않습니다. 그래서일까, 며칠 전 산책길에 우연히 찍은 수수밭 사진이 생각났습니다. 좀처럼 보기 어려운 수숫대를 어머니 생각이 나서 찍었는데 우연이란 없습니다. 모든 것은 인연이고 인과입니다.

"몸뻬(일바지) 두어 벌 사오거라."

"몸뻬?" 어머님의 평상복이고 작업복인데 오랜만에 듣는 단어입니다. 일바지 입으시고 수확한 곡식 아들 지게에 짊어 주고 같이 산길 내려오던 그 길이 어머님께선 가장 행복한 시간이셨을 것입니다. 평소 이때쯤이면 벌써 일어나서 밭에 나가셨을 텐데 지금 어머님 무얼 하실까. 수수밭이랑 속 거니는 꿈속에 푹 주무시고 바로 일어나 쾌차하셨으면…….

정인보 선생님 시조 〈자모사(慈母思)〉가 생각납니다. "님의

공 깨닫고 보니 님은 벌써 머셔라."

민방위복 '법'부터 바꾸고 입어야

민방위기본법 시행규칙 46조 2항(복제의 제작 양식)에는 민방위복 규격, 색상, 단추까지 규정되어 있습니다. 아직도 '라임 색'이라고 분명히 명기되어 있는데 논의 과정 없이, 규정도 바꾸지 않고 대통령, 장관들이 청록색 민방위복을 입고 다니는 것이 법치는 아니지요. 노란색은 위험을 상징하며 방사능, 어린이보호구역 등 여러 곳에 사용되고 있고 야간 식별도 우수하다고 하여 바꿨습니다. 한 벌에 3만 원, 100만 명해서 300억 원이라지만 그것은 여름용 한 벌 값만 계산한 것일 테고, 여름용, 겨울용에다 모자, 완장에 디자인 비용까지

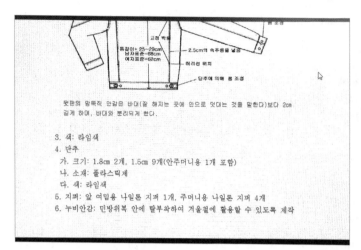

뒷판의 망목직 안감은 바대(잘 해지는 곳에 안으로 덧대는 것을 말한다)보다 2cm 길게 하며, 바대와 분리되게 한다.

3. 색: 라임색
4. 단추
   가. 크기: 1.8cm 2개, 1.5cm 9개(안주머니용 1개 포함)
   나. 소재: 플라스틱제
   다. 색: 라임색
5. 지퍼: 앞 여밈용 나일론 지퍼 1개, 주머니용 나일론 지퍼 4개
6. 누비안감: 민방위복 안에 탈부착하여 겨울철에 활용할 수 있도록 제작

민방위복 규정

합하면 600억 원은 훨씬 넘을 것으로 추정됩니다. 돈보다도 일을 이렇게 즉흥적으로 처리하고 한 장의 사진에서 서로 다른 민방위복을 입은 관계자를 바라보는 국민은 민망함에 얼굴이 붉어지게 됩니다.

바꿔야 한다면 바꿔도 됩니다. 그러나 그것은 충분한 논의를 거쳐 디자인과 색상을 결정하고 시행규칙을 개정한 이후에 해야 합니다. 누구 한 사람의 지시로 모든 절차가 무시되고 기사처럼 경호원은 노란색, 대통령은 청록색, 이런 특별한 노출이 어디 있습니까.

아직 청록색 민방위복 착용은 '불법'입니다. 국회 행안위는 시행규칙을 바꾸지 않고 언제까지 모른 채 용납하시렵니까. 색상은 그대로 두고 기능을 보강하는 방법도 있을 수 있고

색상까지 다 바꾼다 해도 일시에 할 것인지, 지금 사용하고 있는 것들을 제작 연도에 따라 차례로 교체할 것인지 계획을 수립한 이후에 시행규칙을 개정하고 착용해야 하는 것 아닌가요.

국민이 답답해하는 그것은 지금 같은 위기상황에서 민방위복 교체나 논하고 있을 만큼 한가한 상황인식입니다. 멀쩡한 200만 벌을 일시에 폐기하는 일, 그렇게 간단한 일인가요. "정말 무엇이 중헌디?"라고 묻고 싶은 심정입니다

2022년 9월 25일

송강 누리길의 가을

　교외선 삼릉역을 지나서 우측으로 접어들면 작은 길이 나옵니다. 예쁘게 마당을 꾸민 단독주택 다리를 건너 최근 개통된 서울문산고속도로 하부를 통과해 마을로 들어서는 옛길입니다. 그 길부터 공릉천까지 '작은 숲' 등 카페가 들어서 있습니다. 마을만 지나면 '원당교'까지 2차선 도로로 완전 개통되어 자전거 타기 안성맞춤이고 철길을 지나면 맑고 시원한 공릉천이 하얀 모래톱을 끼고 기다리고 있습니다. 원당교는 홍수가 크게 났을 때 북한의 시멘트 원조로 건설되었으나 1차선이고 노후화되어 도의원 시절 경기도 예산을 확보해 새로 건설한 다리입니다. 원당교 재설치를 위해 경기도 북부청 김정란 기획행정 실장과 함께 관산동을 방문하고 도비 확보를 위해 동분서주 하던 때가 생각납니다.

〈2차선 다리 위에서〉라는 노래가 있습니다. 서로 다른 방향을 바라보며 헤어지는 내용입니다. 이 다리 확장으로 1차선 다리 위에 마주 보며 서로의 양보를 요구하던 불편과 다시는 마주칠 수 없는 영원한 이별이 되었음 좋겠습니다.

독일 하이델베르크에 가면 괴테의 '사색의 길'이 있습니다. 낮은 언덕으로 강가를 따라 걸으며 대작을 구상하던 길입니다. 공릉천도 풍부한 물소리 벗 삼아 걸을 수 있는 유일한 고양시 하천이며 가로수 따라 걷는 명상의 길입니다. 메타세쿼이아와 억새밭, 징검다리, 북한산, 지구레코드, 그리고 상수원 보호구역 등등 오금동 수중 촬영장까지 이어진 이 길은 애환과 역사 낭만이 함께 흐릅니다. '플랜테이션'이란 멋진 카페와 식당도 있고 송강 선생님을 추모하는 시비 공원도 있습니다. 북한산 인수봉을 온전하게 바라보는 고양시 명소 두 곳 중 한 곳이 이곳입니다. 벽제철교 아래 하얀 백사장은 철새들 집을 짓고 송강 선생님이 시절을 낚으며 생각을 정리했던 인식의 마당이고 기생 강아의 애절함을 흘려보냈던 회한의 강입니다. 억새가 뉘엿뉘엿 물들어가는 시절, 신원교 앞 작은 데크 길은 좋아하는 가수의 펜클럽 회원들이 모여 음반 취입이 끝나길 기다리며 노래 읊조렸던 '음악마당'입니다. 굽이굽이 도는 송강 누리길은 시간을 여며두고 천천히 걷는 어울림입니다. 시원한 바람과 물소리를 교향곡처럼 들을 수 있는 이곳은 가을이 참 좋습니다.

송강누리길

고양시 그늘막 1호

한여름 뙤약볕에서 건널목 신호를 기다리는데 보기가 너무 안쓰러워 해결책은 없을까 고민한 적이 있습니다. 도의원 시절 첫 성사 2동 신원당 방면 원당역 사거리에 그늘막을 만들면 어떨까 제안을 했습니다. 동장님이 주민참여 예산을 활용하여 이렇게 멋진 그늘막을 만들어 주셨고 그 다음부터는 신원당마을 반대쪽 호국로 건널목에도 그늘막이 제공됐습니다.

시장 취임 후 고양시만의 색상과 로고를 넣은 제품을 주문 제작해 설치할 것을 지시했습니다. "단가가 너무 비쌉니다" 라는 보고에 "서울시는 주요 장소마다 설치되어 있는데 그게

고양시 1호 그늘막

큰 문제겠냐”고 적극 실행을 부탁드렸습니다. 가장 어려웠던 것은 그늘막 때문에 서울에서 느끼는 소외감을 어떻게 해소할까였습니다. 서울시민이 이용하는 정류장에는 그늘막이 있고 고양 버스정류장에는 그늘막이 없었습니다. 영등포 소방서와 광화문 동화면세점 앞에도 서울시와 영등포구청의 협조를 받아 운영토록 했습니다. 서울시라 할지라도 고양시민이 이용하는 곳은 고양시 관할이라 생각했습니다.

첫해는 신청이 저조하여 80여 곳밖에 되지 않았으나 지금은 호응이 좋아 약 500여 곳으로 늘어났습니다. 사연 깊은 그늘막에서 쉬고 계시는 주민 모습을 보고 반가워서 사진 한 장 찍고 모두가 적극 행정이던 그때를 상상합니다.

생각은 배려에서 더 깊어집니다. 마음으로 봐야 보이는 것들이 너무 많습니다 투박한 모양이지만 이 그늘막에 애정이 가는 것은 첫 그늘막이기 때문입니다.

암 데이터센터 걷어차면 대안은 뭐지?

"의료 바이오 연구를 체계적으로 수행할 수 있는 곳은 우리나라에 서울대학병원과 암센터밖에 없습니다. 의료 바이오 연구를 위해선 의사 절반 이상이 연구에 매달려야 하고 한 해수천억 원의 연구비를 들여야 하는데 그럴만한 곳은 국립병원인 서울대병원과 암센터뿐이기 때문입니다. 그러나 서울대병원도 진료 중심이라 어렵고 의료진의 50% 이상이 연구에 종사하는 암센터가 유일하다고 할 수 있습니다."

고양경제포럼에서 발표된 내용입니다. 클러스터는 한 산업을 중심에 놓고 연관 산업을 유치해 우위를 확보하는 기업 성장 전략입니다. 의료 바이오 클러스터 구성의 기본 요건은 데이터, 임상시험 병원, 연구 인력입니다. 암 데이터센터 유치는 세계 최고의 암 권위자인 암센터를 활용해 필요한 데이터를 제공하고 관련 연구기관을 유치해 명실상부 세계적인 의료 바이오 클러스터를 육성하고자 하는 것입니다.

암센터만이 그 조건을 충족시킬 수 있고 암 데이터센터 설립은 이미 국책사업으로 지정된 것입니다. 세계적 의료 바이오 산업단지가 되기 위해선 최고 경쟁력 있는 종목이 있어야 하고 그게 '암'이란 판단에서입니다. 암 데이터센터 유치를 위해 오랫동안 협의를 진행해왔고 많은 분의 노력이 있었습니다. 암 데이터센터, 평화의료센터 설립 등이 그 일환입니다.

실제가 눈앞에 있는데 걷어차고 명목뿐인 의료 바이오 첨단산업이 무엇을 어떻게 하겠다는 것인지 상이 그려지질 않습니다. 일산테크노밸리는 이미 보상이 거의 다 끝났고 나오는 이익금으로 기반시설 및 기업성장지원센터 등 필요 시설을 확충해야 합니다. 벤처의 꿈을 키워가는 혁신가들이 이곳에 입주하고 인큐베이팅해 고양시 경제지도를 바꾸도록 해야 합니다. 뚜렷한 기업유치 성과가 있어야 후속 기업들의 입주가 지속됩니다. 그런데 몇 년에 걸쳐 추진한 사업 파트너를 멀리하고 새로 바이오 업체를 구한다는 것은 그리 만만한 일이 아닙니다. 외자 유치는 '빛 좋은 개살구'가 될 가능성이 큽니다. 바이오산업 육성은 충분한 연구인력과 지속적으로 투자할 재정 여력이 요구됩니다. 과연 어떤 기업이 이 일을 감당할 수 있을까요. 차일피일 미루다 10년 지나면 용도변경하고 먹튀 하는 기업이 아닌 국립암센터는 정부기관입니다. 연간 수천억 원의 연구비를 집행할 수 있는 기업이 얼마나 될까요. 무엇이 우선이고 옳은 일인지 답답한 심정입니다.

일산테크노밸리 어쩌나… 냉랭해진 고양시 국립암센터 협력관계

[고양신문] 일산테크노밸리 내에 국립암센터의 의료시설을 유치하려던 고양시 계획에 먹구름이 끼었다. 이동환 고양시장이 전임시장 때 세웠던 '평화의료 클러스터' 조성 계획에 대해 냉담한 자세를 보이고 있기 때문이다. 평화의료 클러스터는 일산테크노밸리 내에 구상된 '남북 보건의료협력'을 위한 의료·바이오 클러스터를 말한다. 전국적으로 많은 지자체가 의료·바이오 클러스터를 조성하려는 상황에서 고양시는 '남북 보건의료협력'으로 차별화를 꾀하겠다는 구상이었다. 고양시가 접경지역에 있다는 점과 여러 대형 병원을 갖춘 도시라는 이점이 이 구상을 뒷받침했다. 특히 국립암센터 역시 미래 성장을 위해 '남북 보건의료협력'을 비즈니스 모델로 삼기에 적합하다고 판단

하고 평화의료 클러스터 조성에 적극적이었다. 실제로 국립암센터의 향후 평화의료 클러스터 조성을 위한 실행계획은 단순한 구상 차원을 넘는 것이었다. 국립암센터가 현재 운영 중인 '국가암빅데이터센터'를 보건복지부의 승인 하에 일산테크노밸리로 이전·확장하려는 의사를 내비친 데 이어 '신항암연구센터' 역시 일산테크노밸리에 새롭게 건립하는 것도 고양시와 협의하고 있었다.고양시는 센터 건립을 위해 1억 5000만 원을 들여 지난 3월부터 '한반도 평화의료교육 연구센터타당성조사 및 기본구상 연구용역'을 진행했고 이달 최종보고서를 받아들었다. 시는 용역 결과를 바탕으로 센터 건립 근거를 확보해 정부 지원을 얻어낼 계획이었다. 그런데 이동환 시장 취임 이후 이러한 계획이 더 이상 진척을 보이지 않고 있고 사실상 7개월간 진행된 용역도 무용지물이 됐다.

낡은 포스터로 남은 '안심콜 080'

　무심히 지나는 사물들 속에서도 가끔 눈에 띄는 것들이 있습니다. 개인적 연관이 있거나 특별함, 부조화가 그 이유일 것입니다. 구하는 책이 있어서 교보문고 백석점에 갔다가 반가운 포스터를 만났습니다. 아직도 붙어 있는 게 신기해 찍었습니다. 코로나로 우왕좌왕 힘들어할 때 혁신 아이디어가 과학적 검증을 거쳐 세상에 나온 고양시 '안심콜'입니다. 수기 명부를 작성하고, QR코드를 접속하고, 인식기를 구매 비치하는 번거로움을 한 방에 해결한 '세상을 빛낸' 정책입니다. 080 전화 한 통으로 누가 언제 왔다 갔는지를 정확히 알 수

고양시 안심콜 포스터

있고 코로나 발생 시 별도 작업 없이 신속하게 모든 방문자에게 검사를 안내할 수 있었던 방법입니다.

고양시에서 시작했다는 걸 알아주지 않아도 세상을 편하게 하고 부족한 역학 조사관을 대신했던 K 방역 대표 브랜드입니다. 지금 생각해보면 별거 아닌 데라고 할 수 있지만 대통령상까지 받은 혁신 고양의 자랑이었습니다.

저는 이 낡은 포스터가 참 좋습니다. 마치 고양시 공직자와 보건의료진의 수고를 오래도록 기억해주는 것 같아 그렇습니다. 코로나19 극복으로 국민이 주는 표창장 같은 기분입니다.

아무 일도 안 하는 것이 '과학방역'이 된 지금 이렇게 혁신
고양을 기록으로 남겨주는 가게들을 만날 때 '모두 잘 이겨내
주셔서 감사하다'라고 마음속 고마움을 표합니다.

 지금 생각해도 끔찍스러운 시간이었습니다. 벌써 다 잊었지
만 약 800만 명이 죽었고 수억 명이 감염된 재앙이었습니다.

 사진은, 기억은, 깊은 정입니다.

요진 업무빌딩 부지 최종 환수

　요진 학교 부지, 업무빌딩 다 찾아왔습니다. 이제는 초과이익을 환수할 차례입니다. 업무빌딩 환수소송 2심 재판 중 법원의 조정요청이 있었습니다. 초과이익 환수소송을 제기하지 않겠다고 약속하고 1심 판결 '그대로' 받아들여 조기 종결하자는 중재안이었습니다. 그러나 초과이익은 반드시 환수해야 하며 이 또한 시간과 돈이 들더라도 가야만 하는 길이기에 거부하고 2심 소송을 속행했습니다.

　2심 재판이 종결되어 최종적으로 1심보다 부지를 409평방미터 더 확보한 상태로 결론이 났습니다. 그러나 마지막 남은 초과이익 환수는 아직 한 발도 내딛지 못했습니다. 어떻게 소각장과 170m 정도 떨어진 간접피해 지역에 주상복합 아파트를 지을 수 있는 것인지 이해되지 않았습니다. 요진의 특혜성 용도변경, 기부채납 부지에 2,000억대 근저당 설정, 기부채납 비율을 49.2%에서 32.7%로 하향조정 하는데 따른 문제를 지적했음에도 "지역 발전 가로막는 이재준 이사 가라"는 폭언에 시달려야 했습니다. 더 참을 수 없었던 것은 그렇게 가까운 곳에 소각장을 건설하면서 지속적으로 주거용지로 용도변경 협의를 추진해왔다는 사실입니다. 대형 소각장 옆에 굴뚝보다 두 배 더 높은 아파트를 짓겠다면서 말입니다.

고양시, 경기도 권리까지 침해.. 초고층 주상복합 특혜 의혹

[고양, 뉴시스, 이경환 기자, 2010년 11월 29일] 경기 고양시 초고층 주상복합 건립사업과 관련, 각종 논란이 일고 있는 가운데 시가 경기도의 도시계획심의권을 침해하면서까지 특혜를 줬다는 의견이 제기됐다.

25일 이재준 도의원이 제시한 자료에 따르면 백석동 1237번지 일대 출판단지 용도변경은 2000년 7월4일부터 모두 7차례에 걸쳐 진행됐으며 경기도 승인을 받기 위해 국토도시계획학회에 의뢰한 내용에 의거, 주거비율을 37.1%로 규정했다.

그러나 어찌된 일인지 도 승인 후 요진개발과 시는 협의를 통해 다시 주거비율을 59.6%로 높여 도시계획위원회를 통과시키며 현재 최종 마무리 단계에 있다.

요진와이시티와 관련하여 도의원으로서, 시장으로서 정당한 권한을 행사함에도 끝없이 음해하고 소송전략을 알아내려는 의도된 질문과 너무도 많은 사안들을 경계해야만 했습니다. 2010년 1월에 승인해준 것을 2019년 시장에게 책임을 묻고, 마치 엄청난 커넥션과 잘못이 있는 것처럼 비난하고 보도해대는 언론환경이 모두 미쳐 돌아가는 카오스 상태였습니다. 백석동 요진 사태의 본질은 짓지 말아야 할 곳에 주상복합 아파트를 짓도록 허용해준 부실 정치입니다. 이제 칠부 능선은 넘은 거 같습니다. 마지막 남은 초과이익 환수가 제대로 이루어질 수 있도록 모두의 지혜를 모아야 할 때입니다.

1,500억짜리
일산하수종말처리장 환수

"일산하수종말처리장은 누구 겁니까? 고양시 것이 맞습니까?" "이제 맞습니다!"

이산포 나들목 부근에 있는 공시가 약 1,500억 원, 11만 4천 평방미터 일산수질복원센터 땅을 2021년 고양시 소유로 찾아왔습니다. 30년간 국토부 땅으로 되어있던 것을 고양시 땅으로 되돌리는 건 쉽지 않고 이렇게 큰 땅의 소유권을 찾아온 예도 없을 것입니다.

소유권 환수를 위해 30년이나 지난 기록들을 찾아 국가기록원, LH 일산신도시 준공 서류, 고양시 문서고를 뒤지면서

돈 버는 시장

이재준 지음

익숙한 관념들과의
결별을 통해
수천억 대의 이익 창출

이윤과 현재가 아닌 공공과 다음이라는 시각으로
도시를 재해석하고자 했던 한 초선시장의 분투기

경과보고서

이 땅이 신도시개발사업비로 매입 건립된 것을 확인했습니다.

도시 기반시설은 공사가 끝나면 시 소유 재산으로 넘어와야 하는데 챙기질 못해 국토부로 소유권이 넘어갔던 것입니다. 고문 변호사 등 전문가의 자문을 받아 국토부에 이의를 제기하여 최종 등기를 마칠 수 있었습니다.

이 일의 계기는 먼저 추진하고 있던 제2자유로 소유권 반환 소송이었습니다. 제2자유로도 고양시 돈으로 땅을 사고 건설한 것임에도 불구하고 도로 부분만 고양시 소유이고 잔여 토지는 공사를 주관한 경기도 소유로 등기되어 그의 반환을 요구하는 문서를 경기도에 발송하고 협의를 추진하였습니다. 그러나 원만하게 해결되지 않아 소송을 진행하면서 이 일도 알게 된 것입니다. 이 또한 반드시 이길 것입니다. 2021년 초부터 시작한 이 일은 고양시 공직사회가 하나 되어 최고의 능력을 발휘해주었기에 가능했습니다.

인조 잔디를 깔고 운동장을 조성하는 것도, 작은 가설 건축물 하나 설치할 때도 국토부의 승인을 받아야 했습니다. 이제 그럴 필요 없이 고양시 맘대로 쓰면 됩니다. 깨물어 보세요. 아플 것입니다. 이제 고양시 땅이기 때문입니다.

고양 아쿠아스튜디오
영상문화단지 조성

　미래는 우리 안에 있습니다. 꿈꾼다면 미래는 만들 수 있습니다. 2020년부터 준비해 신청한 고양 영상문화단지 조성사업이 중앙투자심사를 통과했습니다.

　〈기생충〉, 〈해운대〉를 촬영한 오금동 아쿠아스튜디오는 안동 하회마을처럼 물이 돌아나가고 도시로부터 단절되어 영화 촬영의 적지라 평가받고 있습니다. 대한민국 모든 가수가 음반을 녹음하러 드나들던 지구레코드 사가 아쿠아스튜디오 바로 옆 신원동에 있고 공릉천 너머 군부대는 토지정화 작업이 끝나는 대로 시가 매입하겠다는 의사를 국방부에 전달했습니

고양 아쿠아스튜디오 영상문화단지

다. 도심과 가깝고 공릉천을 끼고 있어 연수원이나 시민 휴양지로 사용할 수 있는 좋은 공공부지기 때문입니다. 부대 앞 너른 백사장에 시민들이 뛰어놀고 새로 건설될 다리를 건너면 대작들의 오픈 세트장이 때마다 바뀌며 시민들이 찾는 관광 명소가 될 미래를 그렸습니다. 맑은 물은 사계절 수중촬영이 가능하고 먼 부산 기장까지 가지 않아도 돼 저렴한 제작비로 세계적 작품을 촬영하는 영화인들이 몰려올 것입니다. 영화인들과의 간담회에서 "오금동에 영화촬영소를 지으면 오시겠냐"고 물었더니 "최고의 적지다. 스태프가 하루 촬영하는

데 기장까지 3일치 비용이 지불되어야 한다. 경쟁력 있다"고 답해주셨습니다.

미래사회는 콘텐츠 중심 사회로 급격히 변하고 있습니다. 오금동 고양 영상문화단지 조성과 군부대 활용 연수원은 문화자산의 전통을 자족도시 실현으로 이어주는 매듭입니다.

영상미디어 산업 중심도시 고양, 일산 영상밸리, IP융복합 클러스터, 그리고 고양 영상문화단지…. 미래는 꿈꾸는 사람들의 몫입니다.

일산병원 공공어린이재활센터
예산 살려내야!

작은 아이가 태어난 지 한 달도 되지 않아 먹은 것을 토하고 힘들어했습니다. 동네 병원을 가봐도 또렷한 처방을 내놓지 못하고 아이는 배고파 울고불고할 때 이웃의 권유로 서울서부역 소아 아동병원에 간 적이 있습니다. 가자마자 먹은 것을 모두 토해내는 희소병인 유문협착증이고 원인은 모르나 수술하면 치료할 수 있다기에 바로 입원시키고 수술을 받았습니다. 태어난 지 얼마 안 돼 혈관도 잡을 수 없어 이마에 링거를 꽂고 내려놓으면 우는 아이를 한 달 동안 입원시켜 안고 지냈던 처는 산후조리를 못 하고 무리해 지금도 어깨 통증을

호소하곤 합니다. 28년 전 그 소아 아동병원이 없었다면 우리 아이는 많이 어려웠을 것이고 또 세상에 없었을지도 모릅니다.

저는 일산병원이 참 고맙습니다. 공공어린이재활센터를 운영해주셔서 공공병원의 참 역할을 실천해주기 때문입니다. 요즈음 초산이 늦고 어렵게 낳아 태어나서부터 재활 치료를 받는 경우가 많습니다. 치료는 어렵지만 대부분 완치된다고 합니다. 그 아픔과 절박함을 치료하는 데 필요한 비용입니다. 소아청소년과 병원도 찾기 어려워지고 서부역 소아 아동병원도 문을 닫았습니다. 출산율이 떨어지고 공공병원으로 역할이 이전되었기 때문입니다. 시도 그래서 공공병원인 일산병원의 어린이 재활 치료센터 증설을 응원했고 백석도서관 옆부지에 병원 확장을 지지했던 것입니다.

백 가지 천 가지 저출산 대책보다 어렵게 나은 아이 잘못되지 않게 지켜내는 재활병원 유지하는 그 하나가 더 가슴에 와닿는 정책이고 공공의료의 역할입니다.

2014년 국회는 정부가 세운 경기 북부 해바라기센터(성폭력 지원센터) 예산도 전액 삭감한 적이 있습니다. "고양 파주 한 해 가정폭력, 성폭력만도 300건이 넘는데 한 시간이 넘는 공포의 시간을 의정부 성모병원까지 가도록 하는 그것이 맞느냐?" "성모병원의 해바라기센터가 곧 문을 닫기로 되어 있는데 경기 북부에서는 그럼 어디로 가야 하느냐, 대책이 무엇이냐"를 따진 적이 있습니다.

해바라기센터 설립 촉구 건의안을 내고 명지병원을 설득해 화정역 해바라기센터가 태어난 것입니다. 공공의료의 역할은 민간병원이 피하는 분야, 돈이 많이 들더라도 수익이 안 나더라도 꼭 필요한 의료서비스를 제공하는 것이 존재 이유입니다. 병원이 하지 않겠다는 것이 아니라 하겠다고 하는데 예산을 못 주겠다는 것은 저출산 대책을 세우지 말라는 말과 같습니다.

일산병원의 공공어린이재활센터 운영 예산 반드시 다시 살려내야 합니다. 공공어린이재활센터 운영비 확보는 300명 국회의원 모두의 지역구 예산입니다.

시민 품으로 돌아온
행주대교 한강 둔치

고양누리길 행사로 광활한 벌판과 나무숲 그리고 시민의 자산으로 돌아온 군 막사 등의 전경을 한눈에 볼 수 있었습니다. 탁 트인 생태역사공원을 한 바퀴 도는 것만으로도 충분한 운동이 되고 너른 잔디밭과 중간 중간 쉼터 그리고 정자에 앉아 한강을 바라보는 것으로 힐링이 됩니다.

쉼과 여유를 갖고 맞아야 제대로 느껴지는 공간들이 있습니다. 생태역사공원은 바로 그런 곳입니다. 광활한 잔디에 지치면 상주 작가 작품 전시회가 열리는 신평 막사와 장항습지 출입소가 있는 장항 막사까지 걸어보는 것을 권해드립니다.

행주대교 한강둔치

인도가 없던 곳은 나무 데크가 설치되어 걷기 편해졌습니다. 이용할 수 있는 공간의 확대는 시민의 권리증진과 같은 말입니다.

행주대교 하구 한강 둔치는 일부 밭으로 이용되는 곳을 제외하면 철책과 숲으로 우거진 금단의 땅이었습니다. 서울 쪽은 모두 체육공원으로 탈바꿈하여 자유롭게 이용하는데 고양시 구간은 내 땅 내놓으란 소리도 못하고 철조망으로 칭칭 동여매 바라만 봐야 했습니다. 그 속상함을 기억했습니다. 생태역사공원은 한강 둔치를 시민 품으로 돌려드리기 위해 경기도 공모사업에 응모, 선정되어 도비와 시비 등 약 100억 원으로 추진 완료하였습니다.

넓고 시원합니다. 막혔던 가슴이 뻥 뚫리는 듯합니다. 노랗게 변한 잔디와 불어오는 짠바람이 한강 하구의 멋을 뽐내고 있습니다.

한강 하구를 지나 창릉천으로 들어오면서 초입에 작은 코스모스 밭이 있습니다. "너무 작으면 작품이 나오지 않아요. 강매 석교까지 걸으며 감상할 수 있도록 면적을 서너 배 넓히고 수로를 이어주는 교량을 놓읍시다. 자원봉사가 아닌 예산을 지원해줘야 제대로 축제의 장이 될 수 있어요. 간단한 편의시설도 갖춥시다"고 독려하였습니다.

창릉천 구간을 걸으면서 "강매석교까지 코스모스 공원을 확대하니 시민의 행복이 몇 배는 더 커진 거 같다", "올해 코스모스 축제는 정말 대박이었다"라는 말을 새겨듣습니다. 코스모스는 졌지만 아쉬움 많이 남았는지 연신 사진 찍어대는 시민들을 만날 수 있었습니다. 행주대교 하구 둔치, 창릉천 강매석교 부근, 고양시민의 휴식처가 훨씬 넓어졌습니다. '생각이 시민의 권리를 키웁니다.'

향동 주민분들께 드리는 사과

지방선거 당시 향동 주민들께서는 창릉에는 소각장을, 식사동 자기 집 앞에는 수백억대 체육시설을 짓는다고 비난하셨습니다. 식사동 수백억 원대 체육시설은 10년 전 식사 1지구 개발이득금으로 지어 시에 기부채납하기로 약속한 공공사업의 연속 사업입니다. 제가 사는 지역의 편익을 위해 시장 재임 시 새로 계획한 일이 결코 아닙니다.

다행히 이런 내용이 최근 언론에 보도되었기에 기사를 첨부합니다.

또한, 식사 2지구 준공 승인 시 저는 기반시설부담금 현금

예치를 요구하며 약 120억 원대의 현금을 별도 예치토록 해 기반시설 공사에 차질이 없도록 했습니다. 조합주택인 식사 1지구, 덕이지구 등 10년이 지나도 기반시설 설치가 완료되지 않았기에 식사 2지구는 준공과 동시에 기반시설 완결을, 식사 2지구 준공을 식사 1지구 공공 체육시설과 연계토록 협의했습니다.

송구합니다. 모든 게 저의 불찰입니다. 창릉지구 소각장 위치는 확정되기 전 검토안들이 알려져 논란이 된 것이고 최종안은 향동과 1.5km 떨어진 사업지구 내로 결정되는 것으로 알고 있습니다.

고양시는 소각시설 부족으로 인해 매년 인천수도권 매립지로 반입량을 초과 배출하여 페널티를 내고 있습니다. 쓰레기는 다른 도시로의 이동이 불가능하여 자체 내에서 해결책을 마련해야 하는 어려움이 있습니다. 지역 발전을 위하는 마음과 분노는 이해되나 고양선 향동 역사 신설, 경의선 향동역 추가설치, 향동고 도서관 주민 개방 등 시는 향동지역 발전에 절대 소홀하지 않았습니다. 부족함은 있으나 사실과 전혀 다른 '식사동 체육시설'에 대한 오해만큼은 넓으신 마음으로 이해 부탁드립니다. 무차별적으로 뿌려진 허위사실 웹자보와 문자폭탄도 마음속에서 지워주시기 간곡히 부탁드립니다.

관련 언론 보도

[YTN, 윤성훈 기자] 앵커: 경기 고양시에서 지난 6월 완공을 앞두고 있던 체육관 마무리 공사가 돌연 중단됐습니다. 자재 가격이 오르면서 건설 비용은 늘어났는데 대출 등을 통한 자금 확보가 어려워지면서 공사 대금이 바닥났기 때문인데요. '레고랜드 사태'로 금융시장 불안 커지면서 건설 현장의 유동성 위기가 확대되고 있습니다. 현장에 나가 있는 취재기자 연결합니다. 윤성훈 기자!

기자: 네, 경기 고양시에 있는 식사 체육공원에 나와 있습니다.

앵커: 최근 유동성 위기로 공사가 완공 직전에 중단됐다고 들었는데 체육 시설은 이용 자체가 어려운 겁니까?

기자: 네, 지난 6월 완공 예정이었던 이곳은 주위로 길게 울타리가 설치돼 들어갈 수조차 없습니다. 시공사 측은 공사 대금을 받지 못해 공사를 중단했다는 현수막을 걸어둔 채 문을 굳게 잠갔습니다. 시설 주변도 아직 정비를 마치지 못해 어지럽혀진 모습입니다. 시설 이용을 기대했던 주민들은 실망감을 감추지 못했는데요, 직접 들어보시겠습니다.

장애인 근로보조수당

좋은 정책은 서로를 닮아갑니다. 고양시 '전국 최초 장애인 근로비 지원사업'과 닮은꼴 사업을 경기도가 장애인 교육훈련생에게 '기회비용'을 지원하겠다고 나섰습니다. 같이 꿈꾸는 세상을 지향하는 정책들을 만나는 것보다 행복한 순간은 없을 것입니다. "일해도 인건비가 한 푼도 없다는 건 있을 수 없습니다. 최소한 자신의 통장으로 급여가 입금되어야 하고 이 돈으로 한 달 내 돌봐준 가족들에게 '오늘은 내가 쏠 게'라고 할 수는 있어야 하지 않겠습니까." 장애인 근로복지수당 정책을 만들 때 주문한 말입니다. "상품은 교환가치로만 존재하는 것이 아닙니다. 팔리든 안 팔리든 온 힘을 다해 상품을 만든 장애인의 노동 가치도 존중되어야 합니다. 장애인이 애써 만든 상품을 특별 근로로 보아줄 수는 없습니까." 정책을 매듭짓는 말이었습니다.

사소한 것이 큰 것보다 사람을 더 감동시킬 때가 있습니다. 쓸모없는 일을 하는 게 아니라 쓸데 있는 일을 하는 것입니다. 다만 잘 팔리지 않을 뿐입니다. 장애인의 노동이 보살핌이 아니라 노동이게 하는 것의 참 뜻을 생각했습니다.

고양시, 전국 최초 '장애인 근로보조수당' 지원

[경원일보, 2021년 6월 18일] 2019년, 고양시는 '장애인 근로보조수당'을 전국 최초로 시행했다. 장애인근로자의 임금은 비장애인 최저임금의 35%선에 그치고 있다. 고양시는 이러한 불합리를 탈피하고 장애인 근로자에게 자긍심과 근로의욕을 고취시키기 위해, 장애인근로자에게 월 5만원에서 10만원상당의 근로보조수당을 지급해주고 있다. 지난해 약 120명의 근로·훈련장애인이 9,560만원의 근로보조수당을 지원받았다. 올해는 1억 1천만 원가량이 지원될 예정이다.

능곡 관산 39번 우회도로,
관산동 방면 좌회전 차로 설치

39번 우회도로 이용해보니 어떻던가요. 빠르고 편리한데 공사 기간이 장장 17년이나 걸렸고 토지보상비가 6, 7배는 뛴 최악의 사업이란 것도 아시는지요. 특히 시청 방향으로 내유동에서는 이용이 가능한데 관산동에서는 좌회전 차선 부재로 이용할 수 없어 몹시 안타까웠습니다. 준공식 날 서울지방국토관리청장께 "좌회전 차로도 없고, 박스 통로가 없어 경운기나 사람이 어떻게 다니냐"고 완곡히 말씀드렸습니다. 사실상 따진 것입니다.

반대편 임야를 매입해 좌회전 차로를 증설한다기에 현재처럼 도로 법면과 농수로를 덮어서 최소비용으로 신속히 설치하라고 지시했습니다. 39번 우회도로를 타고 가다가 그 공사현장을 발견하고 반가운 마음에 사진 한 장 담았습니다.

국도대체우회도로 사업(국도대)은 토지보상비는 시가, 건설비는 국가와 시가 분담하는 방식입니다. 그런데 토지보상비가 큰 폭으로 증가하니 열악한 지방재정으로는 감당할 수 없어 공사는 늦어지고 비용이 더 증가하는 모순된 구조였습니다. 그래서 1,800억 원 공사가 5,000억 원을 넘게 되었습니다. 2012년 예결위 활동 당시 토지보상비로 총 52억 원의 도비 보조금을 받았습니다. 국도대 사업 토지보상비 지원은 안 하는 게 원칙이었는데 경기도가 사상 최초로 지원했던 것으로 기억합니다. 국도대 사업은 토지비 분담 문제, 기존 도시를 우회하면서 발생하는 상가 쇠퇴, 그리고 성토로 인한 도시 간 단절 현상 등 문제점도 잘 살펴야 합니다. 너무 늦은 준공이지만 이용하는 시민들을 보며 팽팽했던 도의회 질의 현장이 눈에 선합니다. 공사가 빨리 끝나 관산동 방면에서도 쉽게 이용할 수 있기를 바랍니다.

'능곡~관산' 도로 '진퇴양난' 수렁
예산 제때 확보 못해 토지 보상비 419%나 증가

[고양, 기호일보, 2011년 9월 5일] 39번국도 대체 우회도로인 고양시 능곡~관산 구간(연장 길이 9.3㎞) 개설사업이 토지 보상 지연으로 당초 375억 원이던 토지 보상비가 무려 419% 증가한 1천572억7천여만 원으로 늘어나면서 사업이 계속 지연될 경우 자칫 시공업체가 철수하는 사태까지 불거질 우려를 낳고 있다.

경기도의회 이재준(민·고양) 의원은 5일 이를 지적하는 내용을 담은 긴급 보도자료를 내고 사업 예산을 집중 배치해 낭비를 막고 신속하게 사업 진행에 나서 줄 것을 촉구했다.

이 의원의 자료에 따르면 지난 2004년 39번국도 대체 신설 우회도로 사업계획 당시 총 공사비는 1천780억5천100만 원이었다. 하지만 올 8월 현재 총 공사비가 3천357억5천800만 원으로 기존 예산보다 무려 1천577억700만 원(88.5%)의 추가 비용이 발생한 상태다. 이는 대표적인 예산 낭비 사례로 지적받고 있는 가운데 적기에 관련 예산을 확보하지 못해 당초 375억 원이던 토지 보상비가 1천572억7천800만 원으로(419% 증가) 눈덩이처럼 불어나 이 사업이 계속 지연될 경우 시공업체의 철수까지 거론되고 있는 상황이다. 이 구간 공사에 지금까지 투입한 공사비는 958억 원으로 교량 등 오랜 기간이 소요되는 구조물 구축사업은 이미 완료한 뒤 공기가 짧은 성토구간 사업만 남겨둔 상태에서 아직 토지 보상이 끝나지 않았다.

이와 관련, 중앙정부는 지자체에 그 재원 마련을 떠넘기고 경기도와 고양시는 예산 부족 등을 이유로 차일피일 미루고 있어 해당 지역주민들의 불편과 토지소유주의 재산권 침해가 장기화되고 있다.

원당역 사거리 교통 정체 해소

훨씬 빨라진 원당역 사거리 이용해보셨나요. '왜 이렇게밖에 할 수 없을까?' 지나가다 마주치는 현상에서 자주 의문을 갖는 때가 있습니다. '매의 눈으로 바라보라'라는 말이 있습니다. 원인을 분석할 때 표피만 보지 말고 본질에 다가서라는 말입니다. 원당역 사거리는 퇴근 무렵이면 차량 행렬이 길게 늘어지기 일쑤입니다. 큰 사거리인 데다가 차선이 하나밖에 없어 직진 차량, 좌회전 차량, 우회전 차량이 뒤엉켜 그야말로 아우성의 현장입니다.

의문이 들었습니다. 차선을 하나 추가로 만들어서 활성화

자전거 거치대를 없앤 모습

할 수는 없을까. 결국, 전철 하부공간 철도청 부지의 활용 문제에 부딪혔습니다. 자전거 거치대를 옮겨 그 자리에 주행 차로를 설치하고 삼송 쪽에서 진입하는 차선을 2차로로 확대하여 우회전 차선을 확보해주는 것이 해답이었습니다. "요즘 통과 속도가 엄청 빨라졌어." "신기해" 말씀하시는 분을 만날 땐 덩달아 기분이 올라갑니다. 반대쪽 불당골 진출입 도로도 마찬가지였습니다. 불당골에 갔다가 원당으로 돌아올 땐 흥도동 사무소 방향으로 한참을 가서 돌아와야 했습니다.

하부 공간에 차선을 만들면 쉬운 것을 도의원 시절, 이 도로 개선을 위해 신원당 주민, 성라 배드민턴 클럽 회원과 서명운동을 전개하고 불당골에서 신원당 방면으로 좌회전을 할 수 있게 되자 마을에서 잔치를 크게 열어준 기억이 있습니다. 불당골에서 원당 쪽으로 차량이 좌회전할 수 있다는 것은 그 당시에는 획기적인 발상의 전환이었습니다. 또 철도 하부 공간을 도로로 내어준다는 거 큰 결단이었습니다. 자전거 거치대를 치우고 차선을 하나 늘렸더니 흐름이 되살아났습니다. 이용자의 마음으로 느껴야 답을 찾을 수 있습니다.

삼성당 지하차도 86억,
이게 무슨 예산이죠.

능곡 삼성당 지하도 4차로 확장 개통을 바라보면서 많은 생각이 듭니다. 삼성당 지하도 연결 도로확장 사업비로 약 86억 원의 예산이 올라온 적이 있습니다. "이게 무슨 돈입니까. 이거 능곡 1구역 재개발사업 지구 아닙니까. 그렇다면 개발사업자가 부담해야지 왜 도로확장 사업비를 시가 지원해줍니까." 시장과 실국이 함께하는 예산회의에서 최종 삭감되고 조합과 관리계획 변경 협상을 통해 사업구역 안은 조합이, 사업구역 밖은 시가 각각 부담하기로 조정되었습니다. 이렇게 예산을 편성하면 안 되는 것은 기본 중 기본입니다. 수천 페

삼성지하차도

이지 예산서 속에 숫자 한 줄 끼어 넣은 걸 찾기란 거의 불가능 합니다. 그런데 토론시간에 발견된 것입니다. "어떻게 이런 예산이 모든 사람들 결제 끝나고 시장까지 올라와야 됩니까. 정말 일들 이렇게 하실 겁니까. 쉬었다 합니다."

그게 숫자의 운명이고 행정이란 생각을 해봅니다. 지역엔 '잘못'이 아니라 '시장이 강제로 깎았다'는 소문이 파다했을 것입니다. 그래야 불발로 끝난 자신들의 편법 행위가 정당화되기 때문입니다

편성할 수 없는 예산이기에 삭감한 것뿐입니다. 그 일로 원성을 많이 샀고 선거 때 나쁜 시장 프레임이 씌어 졌음을 압니다. 재개발조합에 무상 귀속되었던 시 재산 원당 4구역

230억 원, 행주동사무소 유상매각 전환 등 해서 약 350억 원을 환수 조치했습니다.

행정은 행정의 길이 있습니다. 고통은 위임받은 자리의 무게입니다.

2009년 6월, 경의선 복선 개통 운행시 지하차도 공사를 끝내고도 출구 쪽 공장 터를 매입하지 못해 오랫동안 방치된 적이 있습니다. 그때도 사고 위험이 높은 건널목을 지하화하고 안전점검을 마친 후 준공처리할 것을 고양시에 민원을 넣어 요청하였습니다. 교통량이 많아 지하차도가 건설되지 않으면 경의선은 개통하면 안 되는 것이었습니다. 경의선 개통을 볼모로 지하차도 건설은 그때 반드시 해결했어야 하는 일이고 그게 정치인이 할 역할입니다. 삼성당 도로 확장을 바라보면서 정치인이 걸어야 하는 길이 무엇인가 묻게 됩니다. 마음과 달리 행정의 틀 속에서 처리해야 하는 어려움이 많습니다. 이런 상황이 다시 온다면 똑같은 결정을 내릴 수 있을지 자신이 없어졌습니다. 서운하셨던 분들께 죄송스러운 마음입니다.

대통령실 용산 이전
법적 근거를 묻습니다.

대통령실 용산 이전 법적 근거를 묻습니다.

대통령 집무실 용산 이전이 합법인지에 대한 법제처 유권해석을 의뢰하고자 합니다. 대통령 집무실에 관한 법률 조항은 딱 한 곳에 있습니다. 신행정수도 후속대책을 위한 연기·공주지역 행정중심복합도시 건설을 위한 특별법 제16조의2입니다.

제16조의2(대통령과 그 소속기관의 집무실 설치) 대통령과

그 소속기관의 업무를 처리하기 위하여 행정중심복합도시에
집무실을 설치할 수 있다.

　[본조신설 2022. 6. 10.]

　위 규정은 행정중심복합도시에도 대통령과 그 소속기관
의 집무실을 설치할 수 있다는 규정에 불과하고 그 시행일이
2022년 12월 11일입니다. 위 법률 외 정부조직법, 헌법 등 그
어디에도 대통령의 집무실 설치에 관한 근거 규정이 없습니
다. 김민석 의원님이 기자회견을 통해서 집무실법 제정을 촉
구한 것도 동일한 문제를 인식했기 때문으로 생각됩니다. 정
부조직법 제2장 대통령편에서 비서실, 경호처 등을 규정하면
서도 대통령 집무실에 관한 내용을 규정하지 않은 것은 관습
상 청와대가 집무실이란 공통인식이 있었기 때문입니다.

　청와대는 고려시대 남경의 왕궁터이자 조선시대의 경복궁
후원이었으며, 일제강점기 조선 총독의 관저가 있었고, 광복
이후 대한민국 정부 수립 이래 제1대 대통령부터 제19대 대
통령까지 집무실 겸 관저로 사용한 공간입니다. '청와대에 대
통령 집무실을 둔다'는 점은 사회의 거듭된 관행으로 생성한
사회생활규범으로서 사회의 법적 확신과 인식에 의하여 규범
으로 승인·강행된 관습법에 해당된다고 할 수 있습니다. 따라

서 청와대 대통령 집무실법은 관습법으로 존재하는 반면, 용산에 대통령 집무실을 두는 것에는 아무런 법적 근거가 없어서 위법이라 생각합니다. 세종시로 행정수도 이전을 추진할 때 헌재에서는 헌법위반이란 판결을 했습니다. 관습법 상 서울을 수도라고 인정하고 통용돼왔기 때문에 수도를 이전하려면 국민투표로 법을 바꿔야 된다는 취지였습니다. 마찬가지로 관습법상 대통령집무실은 청와대입니다. 일제 총독 때부터 2022년 5월 7일까지 사용해 왔습니다. 용산으로 집무실을 적법하게 이전하기 위해서는 용산에도 집무실을 둔다는 법률 규정을 먼저 만들고 이전했어야 합니다. 대선 공약도 광화문 청사로 옮기겠다고 했을 뿐 용산 이전은 어떤 사회적 합의나 국회의 동의절차를 거치지 않았습니다. 어떤 법률로부터도 용산 이전 행위에 관해 포괄적 위임을 받았다고 볼 수 있는 사항은 없습니다. 따라서 현재 용산집무실 이전 사용은 위법 또는 법적 미비사항으로 판단되는데 이에 대한 법제처의 유권해석을 부탁드립니다. 또한 거듭되는 논쟁을 피하기 위해서 필요하다고 판단되면 법률적 미비 사항에 보완 처분 명령을 내려주시기 바랍니다. 청와대 또한 지금 사용은 하지 않더라도 대통령 집무실이므로 합리적 절차와 규정에 의해 용도폐지, 변경의 절차를 밟아야 하며 그때까지는 대통령

집무실에 준하는 보안, 관리 하에 부분적으로 개방 운영되어
야 할 것입니다. 이에 대한 판단도 부탁드립니다(법제처에 보
낸 공문).

국민의 나라 정의로운 대한민국

법 제 처

정부혁신
보다나은 법제처

수신 이재준 귀하

(경유)

제목 민원(1BA-2212-0680322) 처리결과 안내

1. 안녕하십니까? 평소 우리 법제처 업무에 관심을 가져 주셔서 감사합니다. 귀하께서
   우편을 통해 신청하신 민원(신청번호 1BA-2212-0680322)에 대해 안내드립니다.

2. 귀하께서는 다음 내용에 대해 법제처에 법령해석을 요청하신 것으로 이해됩니다.

   「신행정수도 후속대책을 위한 연기·공주지역 행정중심복합도시 건설을 위한 특별법」
   (이하 "행복도시법"이라 함) 제16조의2 외에는 헌법 등 대통령 집무실 설치에 관한
   규정이 없는 것으로 보는데,
   가. 청와대가 대통령 집무실이라는 것은 관습법이 아닌지
   나. 질의 가에 따라 그러한 관습법이 있다면 용산으로 대통령 집무실을 옮긴 것은 위
      법한 것이 아닌지

3. 법제처 법령해석 제도는 '법령의 의미'에 대해 해석상 의문이 있는 경우 해당 법령
   의 의미를 명확하게 하기 위한 제도입니다. 그런데 귀하의 질의는 법령의 의미에
   대한 것이 아니고 해석대상으로 삼을 수 있는 법령 조항도 존재하지 않는바, 「법
   제업무 운영규정」 제26조제8항제8호 및 같은 조 제11항제2호에 따라 귀하의 법령
   해석 요청을 반려하니 양해해 주시기 바랍니다.

4. 추가 문의사항이 있으실 경우 법령해석총괄과 이기재 사무관(☎044-200-6711)에게
   연락해 주시면 안내해 드리겠습니다. 감사합니다. 끝.

법제처 회신 공문

송년회 대신 송별회 연 주거복지센터

다른 일로 들렀는데 인근에서 주거복지센터 송년회가 열리고 있었습니다. 주거복지 대상 수상도 축하할 겸 들렀더니 송년회가 아니라 송별식이었습니다. 직원들이 대부분 연말로 그만두어야 한다는 것입니다. 대화 농수산물센터 지역사회 환원금 중 무조건 2억 원을 저소득층 집수리사업에 사용토록 정했습니다. 좋은 뜻이라고 단위농협들도 1억 원 정도의 힘을 보탰습니다. 첫 해에 50여 가구로 시작해 작년 200여 가구 집수리사업을 해주고 각 부서에

흩어져있던 주거복지 업무를 통합했습니다. 정부나 LH 보

조금을 받기 위해 뛰어다녔습니다. 작년에는 우수상, 올해는 최우수상을 받았습니다. 주거복지팀이 있는 곳은 없다며 스스로를 자랑스러워하던 그 팀. 그런데 송년회가 아닌 송별회를 하는 참참한 자리에 참석하게 된 것입니다. "너무 고마워. 내가 살면서 오늘이 제일 기쁜 날이야. 낡은 집에서 죽을 줄 알았는데 신혼집 같아"라며 싸늘한 냉기의 반지하 집을 수리해드리고 현관을 나올 때 손을 잡고 어르신이 하신 말씀이 아직 귓가에 생생합니다.

독거 어르신과 주거취약계층은 점점 증가할 것입니다. 자동화와 인공지능은 필연적으로 노동소외, 인간소외, 약자들의 소득 저하를 수반하고 초고령 사회는 1인 가구를 증가시킬 것입니다. 이런 실정에 맞게 주거복지 정책이 수립되어야 하는 데 대표 선수들이 해고 통지를 받고 그만둔다고 합니다. 정부는 반지하까지 없앤다고 호들갑을 떠는데 현장에선 집수리비, 주거복지 예산 줄어들지 않을까 걱정합니다. 대한민국 최우수 고양시 주거복지센터, 사업비를 확대하고 주거복지정책 더 촘촘히 짜라 응원해야 하는 때 아닌가요. 그런데 해고통지서라니 미안하고 짠한 마음 가눌 길이 없네요.

3장

다시 봄

억누름 깨고 봄망울은 움터오는 것

톡톡톡,

도촌천 물가 땅거죽 두드리는 소리 시끄럽고

꽃눈 부비며 망울 터지는 축제의 봄나라

겨우내 죽었던 가지 파릇파릇 되살아나고

맑은 물 졸졸 흐르는 대롱 속에

하얀 종이배 떠다니는 날

이런 날이면

돌아오지 못할 그 먼 곳까지 한없이 걷다가 길 잃고 헤매어도 좋습니다

낮을 넘어 초롱별 따라 돌아오는 밤길이어도 좋겠습니다

자유요, 해방입니다

어깨 들썩이고 건드리면 욱하고 일어설 채비로 수개월 동면에서 깨어나는 날이기 때문입니다

유별스레 험했던 기다림이라

올 줄 모르고 시냇가를 걷다 창졸간에 당황하며 마주하는 봄

해서 더 미안한 봄

오랜 시련과 억누름 깨고 봄망울은 어김없이 움터오는데

교외선 재개통, 노선변경이 먼저

"재개통에는 동의하지만, 예산을 부담할 수는 없습니다. 시민이 못 타는 재개통에 왜 우리가 돈을 냅니까." 협약식장 분위기가 일순간 무거워졌습니다. 교외선 재개통에 대한 고양시, 양주시, 의정부시, 경기도가 함께한 1차 협약식에서 한 발언입니다.

교외선 고양 구간 정류장은 벽제역과 원릉역뿐입니다. 이용자가 거의 없는 역이고 재개통 후에도 원릉역에만 정차합니다. 재개통을 묻는 시정 질문에서 "고양시민이 이용할 수 없는 재개통이 무슨 의미가 있습니까. 이용자도 없는데 한 해

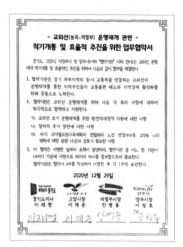

업무협약서

수십억씩 운영비를 부담하는 게 맞는지 모르겠습니다. 차라리 고양 관산 지역주민들 차량비를 지원해주는 게 효율적일 거 같습니다"라는 답변을 드린 것으로 기억합니다.

오랜 기간 협상은 어렵게 추진되었고 운영비 적자를 연간 약 50억 원 부담에서 20억 원으로 낮추고, 노선도 고양동 관산동 경유를 5차 철도망 계획에 반영하기로 적시하고 난 후 2차 협약을 체결, 시의회 동의를 받았습니다. 재개통이란 실적에 매달려 연간 50억 정도 운영비를 부담하고 무작정 동의하는 것은 행정이 할 일이 아닙니다. 실적을 위해 예산만 낭비하는 것이 아니라 실제 고양시민이 이용할 수 있도록 노선을 변경하는 것이 더 중요하다고 판단합니다. 명분만 취하고 실익 없는 쉬운 길로 가는 정치는 불신만 키울 뿐입니다. 1차 협약대로였다면 실적 홍보가 아니라 부끄러워해야 할 일이었습니다.

순간순간 큰 흐름에 거슬리는 다른 말을 해야 할 때가 있습니다. 그것이 합리적이든 정치적이든 솔직히 그럴 때 누군가 역할을 대신해주었으면 하는 바람이 있습니다. 그런 게 인지상정이니까요.

눈 내린 날, 벽제역을 들렸다가 선유동 지인의 농장을 찾았습니다. 자연 교외선, 마을발전, 주민자치로 화제가 이어졌습니다.

이우근 대장님, 커피값 드렸습니다.

"지역대 안에 구급차 좀 들어올 수 있게 해주면 좋겠습니다."비좁고 낡은 옛 관산의용소방대(의소대) 사무실에 들렀을 때 커피 한잔 내주시며 대장님께서 하신 말씀입니다. 한시간 가량 앉아서 소방과 의소대의 어려운 현실을 듣고 배웠습니다. 그 첫 만남 후 낡은 관산지역대 건물은 현재의 신식 건물로 바뀌었고 소방에도 많은 변화가 있었습니다. 방염장갑이 없어 목장갑을 물에 적셔 끼고 출동했다는 뉴스가 나오던 시절이 있었습니다. 법이 바뀌어 소방시설세가 없어져도 대안을 만들지 않는 국회와 경기도를 대신, 소방시설특별회계를 고집스럽게 주장해 연간 7,000억 정도를 소방에 투자하도록 남경필 지사님과 '이병곤 플랜'을 만들고 직원이 9천 명이나 돼도 경기소방에 없던 직장어린이집을 만들었습니다. 행정공무원은 대학등록금을 전원 지원받는데 소방공무원은 소수인원만 지원받던 부당한 제도를 개선했습니다. 경기도는 1시 1소방서 정책인데 고양시만 소방서가 2개입니다. 그 일에도 사연이 많이 있습니다. 소방에 대해 아는 의원의 도움이 필요하고 땅이 넓고 경기북부 거점 도시를 고려한 소방본부의 예외적 결단이었습니다. 퇴임식을 하는 이우근 관산 의용소방대장님을 뵙고 소방에 대해 알고 일할 수 있도록 해주셔서 감사하다는 인사를 드렸습니다.

말로만 하는 껍데기 정치론 세상을 바꿀 수 없습니다. 마음을 다해야 들리고, 들어야 머리가 돌고 손발이 움직입니다. "대장님, 그날 커피 참 맛있었습니다."

고양동 도서관 건립의 기나긴 여정

"동물화장장 설치 반대, 레미콘 공장 반대!" 이런 구호를 연중무휴로 외치며 사는 지역이 있습니다. 동물화장장 건설 반대를 위해 모인 건학연 위원님들과 추운 새벽 경기도청까지 갔던 기억은 아직도 생생합니다. 행정심판이 열리기 전 가건물에 동물화장장을 지으려면 방화벽 설치 등 대수선을 해야 하고 대수선은 건축허가 사항이란 점을 충분히 설명해 드렸습니다. 행정심판이 주민 승소로 끝나고 남경필 지사님과 면담이 잡혔습니다.

낙후된 고양동 도서관 건축예산 확보를 위해서였습니다.

고양시립도서관

도지사 면담 중 시에서 시비 매칭 의사를 확인해주었고 도비 12억 원을 확보하여 도서관 건립이 시작되었습니다. 늦더라도 갈등이 최소화되도록 위치선정과 설계에 주민 의견을 반영토록 했습니다.

인근 카페에 들렀다가 푸른 하늘에 걸린 미완성의 도서관 사진을 한 장 찍었습니다. 2021년, 2022년 이제는 2023년으로, 준공 예정일이 늦춰지고 시간만 흐르는 것 같아 안타깝습니다.

기피 시설 문제만 나오면 홍역을 앓던 지역이라 도서관이라도 빨리 준공해 주민들이 지역발전을 체감할 수 있기를 바라서입니다. 균형발전을 실천하는 건 결코 말처럼 쉽지 않습니다.

때론 정의로운 명제가 자기 자신을 해치는 독이 되기도 합니다. 균형발전이란 말 자체에 정치적 불리가 담겨 있습니다. 표 많은 곳 인원 많은 곳에 정책을 집중해야 권력을 획득할 수 있는데 그 반대이기 때문입니다. 불리하더라도 가야만 하는 사람들이 있습니다. 바로 정치인들입니다. 그것을 이겨내고 상호 조율을 하는 것이 정치기 때문에 그 길을 가야 합니다. 그런 정치인을 지켜주는 시민이 있는 곳이 민주주의입니다.

고양동 도서관 신축 첫 걸음마
이재준 의원 도비 확보… 2020년 착공, 21년 개관

[서울매일, 지청치 기자] 고양시에서 제일 낙후된 고양동에도 주민숙원사업이 드디어 빛을 보게 된다. 이재준 도의원(더민주, 고양2)이 작년 2억 원, 올해 10억 원, 총 12억 원의 도비를 고양동 도서관 건립을 위해 확보했다고 지난 28일 밝혔다. 이번 도비 확보로 인해 고양동 도서관 신축이 급물살을 타게 된 것이다. 지역 주민들의 숙원사업이었던 고양동 공공도서관 건립은 빠르면 2020년 착공이 가능하다.

원희룡 장관님께
'기적의 도시 메데진'을 권하며

'도시는 누구의 것입니까?' 이 주제를 15년 넘게 고민하고 토론하며 합의점을 찾아온 사람들이 있습니다. 스위스 루체른 항구도시 하역창고 도시재생이 그것입니다. 충분한 토론 끝에 내린 결론은 "100년이 넘은 역사를 파괴할 권한은 누구에게도 없다, 이 하역창고를 도시재생으로 만들어 후대에 넘겨주는 것이 우리가 할 일이다"라는 것이었습니다.

그러기 위해 전철을 놓고 문화를 재생해 젊은 층을 끌어들이자고 뜻을 모으며 왜 그런 결론을 내렸는지 기록을 남기도록 하였습니다. 깨알처럼 써내려간 회의록과 설익은 설계 도면이 그분들의 세심함을 짐작케 합니다. "우리는 생존자가 되지만 사회 참여자는 되지 못합니다, 이런 소외 또는 격리 문제에 대한 해결책은 개인이 안전하다고 느끼는 공간을 만드는 것입니다. 바로 이곳이 공공 공간이 되어야 합니다."

위대한 사상은 희망을 쏘아 올리고 알의 세계에서 깨어납니다. 콜롬비아의 도시 메데진도 마약과 폭력이 난무하는 도시를 살려낸 도시재생의 새로운 기록입니다. 어두운 과거를 그대로 남기고 어떤 과정을 거쳐 오명에서 벗어났는지 그 노력의 흔적들을 자랑스러운 스토리로 만들어 관광 명소화에 성공했습니다. 낡고 어두운 도시를 재생하여 세계적인 도시로 탈바꿈한 사례는 참 많습니다. 30년만 되면 헐고 다시 지어 차익 실현에 집중하는 팍팍한 21세기 대한민국 현실에 이 책이 한 소절 아름다운 운율이 되어 가슴 뭉클함으로 남았으면 좋겠습니다.

우리나라 아파트 재건축 연한은 원래 40년이었습니다. 그러나 부동산이 장기 침체에 빠진 2014년 건설경기 부양을 위해 40년이었던 재건축 연한을 30년으로 낮추었습니다. 80년대 지은 아파트는 40년을 사용하는데 기술이 비약적으로 발전한 90년대에 신축한 아파트는 역으로 30년만 되면 헐고 다시 지을 수 있는 기이한 규정이 생겼습니다.

도시는 인간의 모습을 닮아갑니다. 상품이 아니라 삶이기 때문입니다.

대학생 본인 부담 등록금 예산 0원

"걱정이에요, 등록금 또 오른다는데." 고양시에서 지원해 주던 대학생 본인 부담 등록금 지원사업비 12억 원이 올해 예산부터는 0원으로 전액 삭감되었습니다. 아직도 대학등록금을 지식산업사회 투자로 보지 않고 입신양명을 위한 기회비용으로 생각하는 것은 시대착오적 발상입니다. 전 세계가 대학교육이 아니라 평생교육으로 시스템을 바꿔가고 배우면 돈까지 주는 세상이 도래했습니다. 미래 인재 육성에 기초정부도 책임 있는 주체로 나서야 할 때입니다. 대학을 졸업하자마자 수천만 원씩 빚을 지고 출발하는 거 이제는 국가가 해결해야 합니다. 그 전단계로 많은 기초단체가 본인 부담 등록금을 지원하고 나서 교육을 공공의 책임으로 돌린다면 중앙정부도 무시할 수 없을 것입니다. 지자체의 본인 부담 등록금 지원을 넘어 중앙정부와 함께 등록금 후불제로 나가야 합니다.

이것은 예전부터 제가 추진해온 바입니다. 고양시와 고양시정연구원이 주최한 제25회 고양시정 포럼이 2021년 9월 30일(목) 오전 10시에 킨텍스 제2전시장 408호에서 개최되었습니다.

저는 기조연설을 통해 "그동안 국가장학금 등 정부의 등록금 부담 완화 노력과 반값등록금, 대출상환제 등 사회적 논의가 있었지만, 평범한 가정의 자녀에게 등록금은 큰 부담이었다"며, "대학 등록금후불제는 실현 가능성이 높은 가장 현실적인 대안"이라고 강조했습니다. 또한, "4차 산업혁명 시대에 맞는 인재 양성을 위해서는 사회의 책임 분담이 요구된다"며, "대학 교육은 그 혜택이 사회 전체에 돌아가는 공공재라는 인식의 전환이 필요하다"고 밝혔습니다.

이재준 고양시장 '대학등록금 완전후불제' 제안

모든 대학생 대상…취업 후 등록금 '무이자' 분납 "대학교육, 비용이 아니라 투자…수혜자인 사회가 등록금 분담해야"

[국민일보, 박재구 기자, 2021년 9월 1일] 이재준 경기 고양시장이 1일 '고등교육 공공화'의 첫 단계로서 '대학등록금 완전후불제' 도입을 각 대선 경선후보에 제안했다. 반값·무상등록금의 경우 천문학적 재원이 소요돼 당장 시행이 어렵지만, 등록금 후불제는 사실상 이자액 수준의 재원만 소요되므로 상대적으로 부담이 적다는 설명이다. 대학등록금 완전후불제는 재학 중에는 경제적 부담 없이 공부에 집중하고, 취업 후 연 소득이 일정 수준에 달한 시점부터 등록금을 분납하도록 하는 제도다. 뉴질랜드 등에서 시행 중이다.

예산 1조 늘었는데,
재정자립도 낮아졌다 비판?

돈을 많이 벌어와도 욕먹는 세상이 있습니다. 통계 굴절 현상을 세심하게 들여다보지 못하면 자칫 속고 마는 함정을 정치적 목적을 가지고 교묘하게 장난을 치기 때문입니다. 누구보다 열심히 국도비 확보를 위해 뛰어다녔던 공직자 분들의 헌신이 제대로 평가받지 못해 안타까운 심정입니다. 지난 5년간 고양시 예산은 1조 500억 원이 증가했고 수원, 성남은 약 2,000억 원 정도 증가했습니다. 1조 예산 증가는 대부분 국도비 확대였고 재정자립도 계산할 땐 분자가 아닌 분모에 배치됩니다. 분모가 커지니 당연히 자립도는 낮아질 수밖에

고양시 재정자립도 및 재정자주도 현황

(단위: 백만원, %)

연도별	최종예산	재정자립도	재정자주도
2016	1,876,964	44.22	61.74
2017	2,088,854	40.44	59.55
2018	2,343,745	39.01	62.24
2019	2,935,226	31.71	58.62
2020	3,474,097	28.56	48.70
2021	3,498,041	32.11	54.33

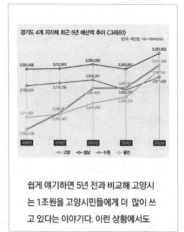

쉽게 얘기하면 5년 전과 비교해 고양시는 1조원을 고양시민들에게 더 많이 쓰고 있다는 이야기다. 이런 상황에서도

고양시 재정자립도 및 재정자주도　　경기도 4개 지자체 최근 5년간 예산액 추이

없는 구조입니다. 미집행 과다로 불이익 처분을 받아 교부금 수백억 원이 적게 배정되었을 때도 미집행이 아니라 테크노밸리 등의 사업 준비를 위한 기금이라고 설득해 다시 찾아왔고 도비 조정비율을 바로 잡아 30%로 상향 조정한 것도 고양시의 자랑스러운 성과입니다. 도시재생사업만도 5개 사업지구에 국비 보조도 천억 원대에 달할 것입니다. 정부의 정책변화로 복지 관련 교부금도 증가했습니다. 지방교부세, 조정교부금, 재정보전금 등은 부채가 아니라 당연히 찾아와야 하는 권리입니다.

정치적 목적으로 이재준 개인은 공격해도 5년 동안 2조 예산을 3조로 늘리기 위해 노력한 분들께는 '감사하다'라는 말을 먼저 해야 합니다. 그리고 합리적 시민이라면 상환하지 않아도 되는 교부금과 채무인 지방채는 구분해 말씀해주셔야 합니다.

예산은 전쟁입니다. 시도 노력하지만, 국회의원, 도의원 모든 정치인이 지역 예산을 한 푼이라도 더 받아오기 위해 쪽지 예산까지 편성하면서 싸우고 있습니다. 수정법과 지방세법 등으로 자체 세입 증가에 한계가 있는 고양시는 더 절박한 상태입니다.

지방의 모 단체장은 예산 시즌에는 한 달 중 10일 이상을 서울에서 산다고 합니다. 국비 지원이 없으면 새로운 사업을 하나도 벌릴 수 없는 열악한 재정 때문입니다. 국도비 많이 가져오면 재정자립도 낮아진다는 논리는 '낫 놓고 기역 자도 모른다'라는 속담처럼 행정에 무지한 나쁜 정치인의 술책입니다.

[재정자립도와 재정자주도]
−재정자립도−
(지방세+세외수입)/(지방세+ 세외수입+ 지방교부세+ 조정교

부금+ 재정보전금 등)

(문제점)

* 재정규모가 고려되지 않은 점

* 세출구조 미반영

* 국비(지방교부세, 조정교부금 등)를 많이 받으면 재정자립도
  가 떨어지는 모순

-재정자주도-

(지방세+ 세외수입+ 교부세+ 조정교부금+ 재정보전금)/ (지
방자치단체 총예산)

4차 철도망 계획 챙기는 게 먼저

4차 철도망 계획에 고양시 7개 노선이 반영되어 있습니다.

* 인천 2호선, 인천서구 탄현택지지구 연장(산들마을 사거리)

* 고양은평선, 새절 고양시청(추가역 요청)

* 일산선, 대화 금릉 연장

* 신분당선, 용산 삼송연장

* 대장 홍대선(덕은역)

* 통일로선, 삼송 금촌 연장

* 교외선, 재개통

이 사업들을 잘되도록 챙기는 게 먼저입니다.

국가철도망 계획에 반영하는 것은 결코 쉬운 일이 아니며 실기해선 안 됩니다. 또 있습니다.

* 대곡 식사 트램
* JDS 지구 개발사업과 연동된 가좌 백마 신교통 수단
* 일산소사선의 탄현역 경유 운정 연장

철도사업은 많은 예산이 소요되므로 국가철도망 계획에 반영되어야 추진할 수 있습니다. 새로운 철도용역 예산을 가지고 한가하게 다툴 때가 아닙니다. 4차 철도망 계획 우선 추진하면서 5차 철도망 계획도 준비, 미래를 대비해야 합니다. 5년마다 수립되는 국가철도망 계획은 다른 말로 표현하면 5년 내 사업 타당성을 만들어내야 한다는 뜻이기도 합니다. 어렵게 반영한 4차 철도망 계획을 취소하고 다른 것을 끼어 넣자는 말, 안될 게 뻔한 일입니다. 국가 사업을 취소하는 대신 얻을 수 있는 것은 아무것도 없습니다. 국책사업에서 맞바꾼다는 생각은 상당히 위험한 생각입니다. 민간에서는 가능할지 모르나 모든 조율을 거쳐 합의된 계획을 철회하면 그냥 내

어줄 뿐입니다. 고양시 교통혁신은 4차 철도망 계획 실행에 달려있다고 해도 과언이 아닙니다.

승강기 교체공사 현수막 나부끼는 고양시

봄바람에 유독 '승강기 교체공사' 현수막이 많이 나부낍니다. 민선 7기 들어와 아파트 노후시설 개선사업으로 추진한 전국 최초의 승강기 교체비 지원 사례일 것입니다. 2018년 7월 말 당선되고 채 두 달이 지나지 않았을 무렵 한 아파트에 정전 사태가 발생했습니다. 늦은 시간 집단소요가 발생한 현장에 나가보니 "시장 나와라. 정전 사태 책임져라"는 구호가 난무했습니다. "비좁은 구청 안에서 이럴 게 아니라 아파트 현장으로 갑시다." "입주자대표 회장님, 관리소장은 어디 계십니까?" 정작 책임 있는 사람은 사라지고 영문도 모르는 주

승강기 교체비 지원 환영 현수막

민들만 시를 탓하며 발을 동동 구르고 있었습니다. 이런 사태가 일어났는데도 관리 주체는 끝까지 나타나지 않았습니다.

원인을 파악해보니 너무 오래 사용한 변압기 노후화와 승압 때문이었습니다. "변압기 수명은 20년인데 1991년도 제품을 사용하고 있습니다. 진작 교체했어야 합니다. 관리소장의 관리 소홀과 입주자대표회의에서 왜 이런 것이 지출 논의되지 않았는지 저희가 조사하겠습니다"라고 설명드렸습니다. 또 지금 사용하고 있는 가전제품 등에 따라 세대당 3kw는 되어야 하는데 전압이 1kw였던 것입니다. "승압을 하지 않으면 또 정전이 되니 입주자대표회가 승압을 할지 말지 결정해 달라"고 말씀드렸습니다. 응급 조치를 해서 전기가 들어오도록 했지만 이 일이 계기가 되어 노후 변압기를 전수 조사해 약 250여 개 단지의 변압기를 교체 지원해 드렸습니다. 아울러 승강기 수명도 15년인데 너무 낡은 것부터 단지별로 1억 범위 내에서 시비를 보조해, 교체해오고 있습니다. 나쁜 상황도 해법을 잘 찾으면 사회 발전을 향해 나아갑니다. 변압기 정전 사태는 고양시 노후 아파트 관리에 공공이 관심을 갖도록 했고 노후 배관 교체, 변압기 교체, 승강기 교체, 안전 진단비 지원 등의 사업으로 이어지는 장수명 아파트 정책 추진 동력이 되었습니다.

곳곳에 걸린 엘리베이터 교체 공사 현수막을 보면서 좋은 정책을 계승해주는 공직자들을 직접 만난 것처럼 반가웠습니다. "노후 아파트 증가율에 따라 장수명 아파트 예산이 늘어나야 하는데 오히려 줄었어"라는 어느 입대위 회장님의 말이 여운을 남깁니다.

성사혁신지구 공사 지연,
지체상금은 얼마?

안모 팀장이 정부 혁신지구 사업 공모 신청을 제안했습니다. 원당역 주차장에 주거와 창업을 할 수 있는 혁신지구 사업을 유치해 원당 발전의 기회를 만들자는 것입니다. 모든 요소를 점검해 프리젠테이션 자료를 만들고 결과가 나오길 기다렸습니다. 도시재생 지구 5개 사업을 유치해 불가능할 것이라는 예상을 깨고 정부 1호 혁신지구 시범사업을 유치해냈습니다. 즉시 사업에 착수할 수 있는 유리한 조건이 부각됐습니다. 다들 힘들 거라고 했을 때 우린 뛰었고 약 3,000억짜리 정부 사업을 따냈습니다. 준비되어 있었고 도시재생의 경험이 풍부하고 주차장 부지가 고양시 소유였기에 즉시 착공이 가능했습니다. 결과가 나오기 전까지 관심을 두거나 기억에 남을 만큼 도움 준 사람은 없습니다. 혁신지구 사업은 오로지 고양시 공직자들의 창의력과 용기 덕분이었습니다.

그런데 그것이 또 말썽이란 소문이 들립니다. '임대주택을 빼라, 마라'로 성사혁신지구 공사가 지연된다는 것입니다.

HUG 자금을 이용한 터라 당연히 공공임대가 들어가야 하고 계약 내용을 이행해야 하는데 잘 조율되지 않아 서로 간 갈등이 있다는 것입니다. 지하층까지 파고 타워크레인을 3대나 설치했는데 공사와 공사 중지를 반복하고 있습니다. 사업 변경 요구 등에 기인한 것으로 추정됩니다. 이런 혼돈과 부당함이 어디 있단 말입니까. 이 사업은 원당 6, 7구역 공공재개발 추진으로 이어졌고 원당 재도약의 기회를 맞았습니다. 공공정책은 신뢰성이 있어야 하고 어느 한 지역, 한 세대가 아니라 지역 전체와 미래 세대까지 아울러야 합니다. 그때도 원주추어탕 뒤편 주차장 설치 예산을 삭감하고, 불당골 화훼단지를 임시 주차장으로 사용하라 요구한 일이 있습니다. 아시다시피 그린벨트는 공공사업만 가능한데 민간이 어떻게 개발사업을 할 수 있단 말인지 지금도 이해 불가입니다. 어렵고 고통스러운 시간이 흘렀습니다. 민선 8기 고양시가 단 며칠

만에 만들어 발표한 원당 재창조 프로젝트에 이 불당골 개발 계획이 포함된 것은 우연이길 바랍니다.

다시 한 번 성사혁신지구 사업이 완공되어 원당 재도약의 추진력이 되길 바랍니다. 지체되면 될수록 공사비만 느는 거 아닙니까.

고양시 신청사 23
그리고 백신대로 07

2007년 4월에도 그랬습니다. 2006년 도의원 선거에서 낙선하고 쉬고 있을 때, "백신대로가 화정역 광장을 관통하는데 그곳은 7개의 횡단보도가 있고 화정의 중심인데 어떻게 고속우회도로를 연결할 수 있냐"며 있을 수 없는 일이니 함께 막아내자고 해서 6단지에서 열린 백신대로 주민 간담회에서 나서게 되었습니다. 그리고 그해 7월 2,000여 명이 모인 화정 광장 집회 후 고양시의 중재안을 받아냈습니다. 덕양구청 후문 도로 지하로 변경 추진한다고.

어제 다시 그 화정 6단지 주민 간담회에 나서면서 그날이

떠올랐습니다.

왜 이런 일이 반복되는 걸까요. 고양시청 신청사 문제는 '음료수를 사서 병마개를 딴 상태에서 환불해달라'고 보채는 어린애 투정과 흡사합니다. 이런 망나니 행정을 합법이란 틀 속에서 생각하고 대안을 찾아내려는 수준 높은 민주적 논의 과정이 고양시의 독선과 비교됩니다. 선거가 끝난 지 벌써 1년이 다가오는데 신청사 문제로 한 발짝도 나가지 못하는 고양시에 대한 우려가 깊습니다.

"우리는 어떻게 해야 합니까. 지금 취할 조치가 무엇입니까?"

주민들의 답답함이 들려옵니다. 신청사 과연 누가 생각하고 있을까.

'건물이 아니라 스토리를 짓자, 신청사 논의부터 모든 것을 남겨 과정 자체가 상품이 되게 하고 대한민국을 가면 고양시청은 꼭 봐야 하는 필수 코스로 만들자, 땅속에 넣든 옆으로 눕히든 의미를 짓자, 스페인에 가면 가우디 건축을 보아야 하고 영국에 가면 런던 시청을 보듯 공간 김수근 건축을 능가하자'라던 우리의 이상은 사라졌습니다.

'의미'와 '어떤'은 사라지고 '어디'만 남은 앙상한 고양시 행정을 바라보는 심정은 착잡하기만 합니다.

현 시장은 첫 단추부터 잘못 끼웠습니다. 후보 시절엔 국도비 받아와 짓겠다고 인수위 때는 민자유치에 치중하며 인수위 보고서에도 민자사업으로 발표했습니다. 신청사가 아니라 돈을 적게 들이는 방법에만 매몰됐습니다. 2,200(1,700)억 건립기금을 적립해 예산이 충분함에도 불구하고 왜 군이 돈 얘기만 하고 민자사업을 하려 했는지 이해가 되질 않습니다. 민자사업은 절대 공짜가 아니며 오히려 사업자의 수익까지 덤으로 얹어주는 사업입니다. 그 땅은 그린벨트를 수용한 땅이라 민자유치가 근본적으로 불가능하다는 기초적 사실에도 무지했습니다. 도시공학, 건축학 등 내로라하는 전문가 네 분이 참여한 인수위원회에서 민자사업 유치로 결과보고서까지 만들어 냈습니다. 관계 법령을 등한시한 허위 보고서입니다.

신청사 논쟁은 빨리 종식되면 될수록 좋습니다. 어디로 할 것인지는 지장물조사까지 끝나 모든 행정절차가 마무리되었기에 결코 되돌릴 수 없습니다. 이미 병마개를 땄기 때문입니다.

빨리 갈등을 종식하지 않는다면 우리는 모두 패배자가 될 것입니다. 아직 요진건설 초과이익금 환수 문제도 끝나지 않은 백석동 요진 옆에, 오랫동안 의혹 등으로 고양시 행정을 고통스럽게 한 그 요진 상가 옆에, 약속을 이행하지 않아 시와 수년간 십여 건에 달하는 소송을 진행해온 요진 오피스텔 옆에 시청을 갖다 바치자는 논리는 설령 합리성이 있다고 해도 고양시민의 자존심을 위해 피해야 할 최소한의 양심을 가져야한다고 말하고 싶습니다.

2007년 백신대로 반대 주민 의견을 경청한 고양시와 2023년 신청사 원안 존치 의견을 경청한 고양시가 다르지 않길 기대합니다.

신청사 관련 일지

[신청사 추진 경과]

* 18/04 신청사기본계획 수립 용역 착수

* 19/03 신청사 건립기금 조례 통과

* 19/04 신청사 건립 기금 500억 적립(추경)

* 19/06 신청사 입지선정 위원회 조례 시행

* 19/11 청사 전문가 자문회의

* 19/11 고양시 중기 지방재정계획 반영

* 19/12 신청사건립기금 500억 추가 확보(본예산)

* 20/04 신청사에 대한 시민 여론조사

* 20/04 신청사 대곡역세권 이전 촉구 결의안 채택

* 20/07 고양시 신청사 입지선정에 관한 행정사무조사 건 발의

* 20/10 신청사 행정조사 특별위원 구성 건 부결

* 20/11 행정조사건 기간 만료로 자동 폐기

* 21/02 신청사건립사업 타당성 조사용역 수정의뢰서(1차)

* 21/03 신청사 건립사업 타당성 조사용역 수정의뢰 (2차)

* 21/04 신청사 건립계획 행안부 승인

* 21/05 신청사 공유재산 심의 의결

* 21/08 신청사 국제공모 실시

* 21/12 신청사 국제공모 당선작 선정

* 22/04 신청사부지 그린벨트 해제

* 22/06 지장물 조사 용역 결과 발표(22.6.20 발표/6.24 퇴임
  식 퇴임)

[입지선정 위원회 회의 일지]

* 19/08 1차 입지선정 위원회 개최

* 19/10 2차 입지선정 위원회 회의

* 19/12 3차 입지선정 위원회 회의

* 20/01 4차 입지선정 위원회 회의

* 20/02 5차 입지선정 위원회 회의

* 20/03 67차 입지선정 위원회 회의

* 20/04 8차 입지선정 위원회 회의

* 20/05 9차 입지선정 위원회 회의(후보지 확정)

50년 공원, 관산근린공원

50년 공원을 아시나요. 관산근린공원이 공원으로 용도 지정된 지 약 50년 만에 착공하게 되어 부르는 말입니다. 공원 일몰제 시행에 따라 공원 지정이 해제될 위기에서 고양시가 탄현근린공원, 관산근린공원, 행신근린공원을 우선 매입하기로 해 간신히 되살아난 공원입니다.

"예산이 없는데 어떻게 하려고 매입 의사를 밝힙니까?"란 질문에 "이번에 사지 못하면 그 녹지 축들은 모두 해제돼 다세대, 빌라촌으로 개발될 것이고 다시는 도심 가까운 공원을

관산근린공원의 모습

만져보지 못할 것"이라고 대답했습니다.

　재임 시에 토지 매입을 완료, 착공했으나 준공까지는 시간이 오래 걸리네요. 공사는 거의 끝난 거 같은데 준공만 미뤄지는 이유가 뭔지 알 수 없습니다. 관산동 고양동은 외곽이라는 이유로 공공투자가 많이 지체되었기에 지원이 더 절실하던 지역입니다. 사유지로 양분되었던 관산동 중심에 공유공간이 생기고 관산주공과 유승아파트가 하나로 연결됩니다.

　궁금해서 미리 둘러보았습니다. 아직 준공은 나지 않았지만, 주민들이 산책하고 운동하는 모습이 간간이 눈에 띕니다.

오래 기다린 만큼 더 많은 사랑으로 품 안의 관산근린공원이 되어줄 것입니다. 초입에 건축 중인 체육센터도 더디게 진행되고 있습니다. 관산동도 사람이 사는 동네고 다양한 문화공간이 필요합니다. 수십 년 부르던 균형발전의 노래 이제 첫 소절을 읊조리고 있습니다.

트램이 1930년대 전차라니요,
그럼 서울은요?

　서울시장님이 부러운 날도 있네요. '대곡식사 트램' 이야기
입니다. 유럽에서 많이 사용하고 있는 트램을 도입해 친환
경 교통수단을 확충하는 서울시장과 1,400억 대 예산 대부분
을 창릉신도시 개발부담금과 경기도 예산으로 하고 고양시는
200억 정도 부담하도록 합의했는데 이것을 1930년대 전차라
고 걷어차 버리고 "신분당선을 끌어오겠다, 고양선을 연장하
겠다"면서 새로 타당성 용역비 3억 5천 만 원을 수립한 고양
시장과 비교되네요.

　"가능성은? 언제쯤요?"

'무식하면 용감하다'는 말이 있습니다. 기획재정부 예비타당성조사를 피하기 위해 대곡에서 고양 신청사인 원당까지는 경기도가 부담하고 원당 신청사부터 식사까지 창릉신도시에서 나머지를 고양시가 부담하는 철도계획을 세웠습니다. 이쯤 되면 직무유기를 넘어 직권남용 아닌가요. 철도와 버스 장점만 살린 무가선 트램은 무공해 저탄소 친환경 교통수단이고 교통 약자에 편리하다고 서울시가 선전하고 있습니다. 이 말 중 틀린 내용이 있나요? 유럽에 이런 것을 보러 출장가지 않았나요?

"철도의 정시성과 버스의 접근성 장점을 살리고 전기를 공급하는 배터리를 트램 상부에 장착하여 경관을 해치는 전기선이 없는 무가선 트램이다. 위례신도시처럼 상업과 주거밀집 지역에 적합한 교통수단이며 매립형 레일 위를 주행하므로 타 교통수단과 함께 사용하는 장점이 있다."

우리가 설계한 청사진이 바로 이런 것이고 JDS 개발을 통한 가좌 대화 백마교를 잇는 가좌트램과 식사트램을 연결하는 순환선의 꿈을 꾸었습니다. 무차별적인 인신공격, 대변인이 기소된 허위 사실 유포, 믿고 싶은 것만 믿는 군중심리에 식사 트램 가좌 트램은 미궁에 빠졌습니다. 환하게 웃는 서울 하남 성남 시장의 모습과 선거 때 위씨티 사거리까지 트램 연장하겠다며 현수막까지 내건 걸 잊고 전차니 뭐니 하는 정치의 황당함을 보면서 '정치인의 무능은 죄'라는 생각을 하게 됩니다.

고양동 소각장 설치 추진은 폭정

동물화장장 설치 반대로 몸살을 앓던 고양동을 기억하실 것입니다. 레미콘 공장설치 반대 투쟁으로 거리에 나서던 어머님들의 눈물겨운 모습을 보셨을 것입니다. 고양동에 기피시설 대신 복합문화시설 하나 넣어달라는 간절한 소망은 제가 시작 준공한 고양동 도서관과 벽제관 옆 마을카페 외에 아직도 감감 무소식입니다

묘지 천국이라는 오명과 명절 때마다 집에 돌아가기도 어려울만큼 교통체증에 시달렸습니다

그래서 민선 7기 고양시는 한 동네에 두 개 이상 기피시설

이 들어가지 못하도록 원칙을 정하자며 이를 '최소한의 예의'라 불렀던 것입니다. 그런데 또 고양동에 소각장을 짓겠다니요?

공모 대상에서 두 개 이상 기피 시설이 설치되어 있는 곳을 원천 배제하는 것이 추진하다 중단된 조례의 근본 취지입니다. 고양시는 이미 파주시 300톤, 김포시 150톤씩 광역소각장 건설을 협약했습니다. 2035년에는 하루 약 500톤 정도가 발생하고 백석동 소각장이 노후화되기 때문에 10년 후를 미리 대비했던 것입니다 요즘 수천억씩 들어가는 소각장을 광역이 아닌 단독으로 짓는 행정이 어디 있으며 그처럼 예산 낭비가 어디 있습니까.

광역 소각장에 국비를 50퍼센트를 지원하는 이유는 시설을 대량화하여 효율적으로 운영하고 두세 곳 지자체가 광역으로 건설하는 것이 상생과 혁신이기 때문입니다

그런데 고양시는 정반대로 가고 있습니다. 국비가 30퍼센트만 지원되는 단독 소각장으로 하겠다는 것입니다. 그 차액 20퍼센트만 해도 1,000여억 원에 달할 것입니다. 돈 없다면서 이렇게 해도 되는 것입니까.

고양동 소각장 추진은 폭정이고 원천무효입니다. 고양동에 소각장을 추진할 것이 아니라 탄현 덕이지구 주민들이 편리

하게 이용토록 대곡소사 전철 파주 운정 연장에 동의해주고 광역 소각장 건설 추진에 협조하도록 정치력을 발휘하는 것이 정답입니다.

원흥 복합문화센터 신축
서둘러도 늦어

도래울 마을 주민의 오랜 숙원사업을 해결하기 위해 279억의 원흥복합문화센터를 계획하고 고양시 예산에도 반영했습니다. 시 예산 179억을 투입하면 100억 국비를 확보하는 절대 남는 장사입니다. 그러나 어찌 된 이유인지 아직도 첫 삽을 뜨지 않고 있습니다. 고양시장 선거에 낙선한 후 "도서관이 너무 많아 재검토를 한다. 공사비가 30억 늘어 어렵다"는 등등 흉흉한 풍문이 돌았습니다. 도래울은 문화시설이 없는 불모지고 주민과의 간담회, 단지 대표들의 청원을 접수해 어렵게 시비를 매칭하고 국비를 받아온 사업입니다. 공사가 지연되면 비용만 늘고 정부 부처와 관계가 악화될 뿐입니다. 공공시설에 대한 투자는 비용이 아니라 복지고 삶의 만족도입니다. 국가가 조세를 거둬 국민의 복리향상에 사용하듯 시가 소외된 지역에 문화복지 시설을 확충하는 것이 복지고 삶의 다른 한 측면입니다.

원흥 복합문화센터, 삼송역 체육센터, 강매동 장애인복지관과 평생학습센터 등 국비 매칭 사업이 장시간 표류하고 있는 현장을 볼 때 아쉬움이 큽니다.

공간은 비용이라는 낡은 생각을 버릴 때입니다. 칸막이를 없앤 공간, 시민이 모이는 구심적 공유지의 기적이 세계 곳곳에서 혁신 모델이 되고 있습니다. 네모만이 아니라 세모나 동그라미가 희망의 부호가 될 수 있음을 생각할 때입니다.

원흥 복합문화센터는 학령인구가 많은 도래울마을의 특성을 살려 주민편의 시설과 돌봄센터, 도서관, 체육시설이 입주하도록 계획되어 있고 행정분소가 입주해 멀리 떨어진 흥도동 사무소까지 가지 않고도 업무를 볼 수 있도록 배려한 것입니다.

비록 민선 7기에서 예산 행정의 모든 절차를 결정했다고 하더라도 예산 집행을 미룰 때에는 그만한 충분한 이유가 있어야 합니다. 국가나 지방자치 단체의 회계는 기업과 달리 단

년도 회계입니다. 그해 수입은 그해에 사용해야 하고 특별한 경우가 아니면 이월할 수 없는 것입니다.

가끔 지역주민들께서 물어보십니다. "원흥복합문화센터 되는 거예요, 안 되는 거예요?" 저는 "반드시 됩니다"라고 대답합니다. 맘대로 계획을 틀고 바꾸는 것은 개인 가정사에서도 분란을 초래하는 일입니다. 하물며 시의회 공유재산 심의까지 마쳤는데 취소할 수는 없습니다. 그렇게 하려면 국비를 반납해야 하고 시의회 공유재산 심의를 다시 받아야 합니다. 올해로 도래울마을 입주 10년차를 맞이하고 있습니다. 10년이면 도시계획이 현실에 맞는지 둘러보아야 하고 필요한 것을 보완하는 것이 정석입니다.

수색로,
자유로 버스 운전자를 위한 화장실

따뜻한 마음으로 봐야 보이는 것들이 있습니다. 수십 년 동안 왜 우리는 당연하다고 생각을했을까. 경기도에서 서울을 오가는 버스는 왕복하는 데 대략 2, 3시간씩 걸립니다. 한 번도 쉬지 않고 장시간 운행이 가능하다 여겼고, 늦으면 버스 기사 타박만 했습니다. 2016년 버스 기사님의 편의를 위해 광화문 동화면세점과 남대문 대한상의 옆 1차로에 P턴을 하면서 잠깐 쉴 수 있는 쉼터를 만들고 쉬었다 가는 방안을 경기도에 제안했습니다. 실현되진 않았으나 철인이 아니고선 도저히 소화할 수 없는 근무 환경입니다. 더군다나 출퇴근 시

버스 운전자를 위한 긴급 화장실

간 대 밀리기라도 하는 날이면 더더욱 힘든 시간입니다.

민선 7기 시장 재임 중 고양시 시계 초입 자유로, 수색로, 통일로에 임시 화장실을 만들자고 제안해 2곳엔 설치 완료했고, 통일로는 위치를 협의 중에 있습니다. 장거리 버스 운전자를 위한 임시 화장실 설치는 경기도 내 처음일 것입니다. 비단 버스 운전자만이 아니라 일반 시민들도 밀리면 중간에 잠시 쉬었다 갈 수 있습니다.

수십 년간 왜 모두 당연하다 생각했을까. 아니 무엇이 그렇게 여기도록 만들었을까. 내 일이 아니라 남의 시각으로만 봐서 그럴 것입니다. 우리가 살아가는 세상은 생산자와 구매자가 서로 알지 못하는 가면의 세상에 살고 있습니다. 그냥 소비자로서 누리기만 하면 되지 아픔이나 통증을 같이 느낄 필요가 전혀 없는 사회가 되었습니다.

어떤 세상도 그 안에는 분명 그림자로 인식되는 사람이 존재하고 있습니다. 그림자 사람도 사람입니다. 무관심과 외면이 능사는 아닙니다. 따뜻한 마음으로 봐야 보이는 것들이 있습니다.

덕양 여권민원실 설치 이야기

'고양시는 어떻게 여권민원실이 2개일까?' 모든 시에는 1개의 여권민원실 설치가 원칙입니다. 그 금기를 깬 것이 덕양 여권민원실 추가설치입니다. 여권 발급 건수가 일선 시 중에서 가장 많고 파주나 김포에서도 이용하기 때문에 고양시엔 1곳이 더 필요하다고 주장하였습니다. 특히 발급 수수료로 운영비를 다 충당하고도 남는 점을 강조했습니다. 이런 근거와 대안으로 전국 최초로 덕양과 일산, 2곳의 여권민원실을 보유하게 된 것입니다.

여권민원실은 덕양구청 4층에 있었습니다. 매일같이 많은 사람들이 찾아오는 곳이지만 제대로 된 공간이 없어 4층에 배치했습니다. 그러나 불편함을 언제까지 지속할 수 없고 직원들의 휴게공간도 필요해 테니스장을 철거하고 별동을 건축해 여권민원실과 농협을 입주시키고 옥상은 직원들의 휴게공간으로 꾸미기로 했습니다. 아직 옥상 직원 휴게공간은 꾸미질 못했습니다. 덕양구청을 지나면서 임기 중 외부 별관에 새로 지은 여권민원실을 살짝 들여다봤습니다. 코로나가 풀려서인지 긴 행렬이 대기 중이고 별관 1층에 농협과 같이 있어 이용하기 편하다는 말씀이었습니다.

여권민원실도 일산에만 있던 시절이 있었습니다. 그것도 차별 아닌 차별로 인식됐던 그 때 주민들의 안타까움을 달래줄 수 있어 좋았습니다. 덕양주민의 불편 해소를 위해 추가설치를 얻어냈을 때의 감회가 오늘 일처럼 새롭습니다.

가로수길 옆에서 서명에 동참해주셨던 분들의 덕분입니다. '그래, 이건 꼭 필요해' 하며 용기를 보태준 분들의 덕분이었습니다.

뭘 했냐고 물으신다면
이렇게 답하겠습니다

한 일이 없다고 쉽게들 말씀하십니다. 그냥 하지 마시고 확인하고 말씀해 주세요. 자랑이 아니라 정말 많이 했습니다. 많이만 한 게 아니라 전국적으로, 세계적으로 했습니다. 진실은 변하지 않습니다.

* 경기도 3개 공공기관 이전 확정

* 킨텍스 3전시장 증설 중앙투자심사 통과 확정

* 영상밸리, 일산테크노밸리 착수

* 창릉 3기 신도시 240만평 개발

* JDS 150만평 개발 경기도시공사와 협약체결
* 2035 도시기본계획에 덕은지구, 대곡역세권, 백마역세권, JDS 개발계획 반영
* 일산 IC 우회로 신설 지정체 해소
* 동구청 지하 주차장 설치 및 중앙로 횡단보도 설치
* 5대 하천 약 105만 그루 가로수 식재
* 고봉산 정상 전망대 설치 주민에 개방
* 고양선, 식사트램, 인천2호선, 통일로선 등 7개 노선 4차 철도망 계획에 반영
* GTX 착공 및 대곡소사 전철 일산역 연장
* 경의선 증량 및 탄현역 급행 정차
* 원당 신청사 소방서 옆 신축 확정
* 성사혁신지구 착공
* 화정 내일꿈제작소 착공
* 서정마을 평생학습관, 장애인복지관 건립 착수
* 삼송역 복합문화센터 추진 예산 편성
* 고양동 혜음령 터널 연결도로 확장 준공
* 고양동 도서관 건립
* 관산근린공원 조성 및 체육센터 착수
* 원당교 2차로 재가설 준공

* 통일로 지정체 구간 확장 준공

* 벽제 화훼종합유통센터 착공

* 동구 보건소, 서구 보건소 신축 추진

* 탄현 복합문화센터 추진

* 통일자료정보센터 유치 확정

* IP융복합센터 유치 확정

* CJ 아레나 건설 착공

* 1,500억 대 일산하수종말처리장 토지 30년 만에 환수

* 외곽순환도로 통행료 4,800원에서 3,200원으로 인하

* 능곡–관산 39번 우회도로 17년 만에 준공

* 덕은지구 한강둔치 축구장 설치

* 100억 대 한강생태역사공원 조성 완료

* 화전 실내 드론비행장 착공(국내 최대)

* 300억 대 삼송 문화부지 매입 완료

* LH 삼송 개발이득금 500여억 원 환수결정

* 삼송역 주차장 부지 90여 억 원 할인 매입

* 대덕생태공원 야구장, 축구장 건립

* 능곡역사 1904 매입 및 리모델링 완료

* 화정도서관, 마두도서관, 식사도서관, 한뫼도서관 리모델링 완료

* 원흥복합문화센터 건립 추진

* 반려동물 놀이터 3개 조성(도래울, 덕수공원, 일산역 부근)

* 일산문화광장 연결로(평화마루) 공사 완료

* 호수공원 한울광장 리모델링

* 주엽역 광장 리모델링

* 일산 C4부지 미래용지 지정(약 3,000억 추정) 30년 개발금지

* 호텔 S2부지 매각 중단 환수 500여억 원 이익

* 6개 공원 조성 추진(탄현근린, 관산근린, 행신근린, 덕은근린, 행주근린, 화정근린)

* 소노캄 옆 주차장 부지 독립영화관 건립 추진

* 아림누리 미술관 확장 리모델링

* 신평, 행주, 장항 군막사 주민 시설로 리모델링

* 행주대교 인근 제 2자유로 연결공사 착공(능곡에서 제 2자유로 이용가능)

* 미래예산 약 4,000억 원 적립

* 일산 농협창고 매입 리모델링 추진

* 백석동 요진 약 1,000억 대 학교부지 환수

* 백석동 요진 약 1,500억 대 업무빌딩 1심 승소(2심 승소 확정) 환수

* 성사테니스장 전천후 구장 예산 전액편성

* 제 2자유로 잔여토지 소유권반환 추진

* 고양지원 고양지법 승격 추진

* 김대중 대통령 사저, 화사랑 등 상징건축물 지정

성급한 소각장 추진과
발생량 부풀리기 의혹

시민 행복도, 지방자치단체 간 신뢰에 기초한 경기 북도 중심도시의 기회도 버릴 겁니까? 어떤 행정도 시민 행복이 최우선입니다. 다른 길이 있다면 구태여 갈등을 유발할 길을 택할 이유가 전혀 없다고 단언합니다. 쓰레기 소각장을 공모한다고 합니다. 그것이 아무리 '그린'과 '파크'로 명명한다 한들 본질은 쓰레기 소각장입니다. 재임 시 대곡소사선 탄현 파주연장에 협조하고 대신 파주시에 광역소각장을 설치, 함께 사용키로 했습니다. 그런데 서해선 연장 협상이 순조롭게 진행되지 않는 것 같습니다.

대곡소사선 탄현 연장이 무산된다면 큰 낭패가 아닐 수 없습니다. 대곡에서 일산까지 연장하는데 공사비 126억을 86억으로 40억 낮춰 합의했고 운영비 적자를 10억씩 20년 동안 내기로 했습니다. 운행 구간을 늘리면 덕이, 탄현지구는 전철이 많아져 교통 불편이 해소될 것이고 덕이, 탄현, 그리고 운정지구 이용자가 늘면 운영적자도 줄일 수 있습니다. 파주에 광역소각장을 설치하면 당장 고양시에 따로 쓰레기 소각장을 추진할 이유 또한 없어지게 됩니다. 파주시와 300t 광역소각장 공동사용 약속을 했는데 대곡소사선 전철 연장 문제로 파주 소각장 건설이 틀어지면 행정의 신뢰가 깨지게 되고 파주의 광역 쓰레기 소각장 자체까지 무산될 수 있습니다. 단독 소각장 설치는 신청사 건립보다 많은 천문학적인 예산약 4,500억 정도가 들어갑니다. 그래서 파주시도 국비 보조를 더 많이 받기 위해 고양시와 광역으로 짓겠다는 결정을 한 것입니다. 단독으로 추진하면 약 1,000억의 예산을 고양시가 더 부담해야 합니다. 예산이 없다고 되풀이하면서 1,000억 지출엔 어찌 그리 관대하십니까. 1일 소각량 630t의 새로운 쓰레기 소각장 건립을 추진하고 있다고 합니다. 시는 쓰레기 소각장이 중심인 자원그린에너지파크 조성을 위해 4,163억 원을 투여할 계획이라고 합니다. 신규 소각장 설치 규모에 대한 적정성 여부를 따져봐야 합니다.

지난달 24일 발표된 '고양시 폐기물처리시설 조성사업 타당성 조사 용역'보고서에 따르면 2021년 기준 생활 쓰레기 배출량을 발생원 단위 1.19kg/인·일로 제시하고 있습니다. 하지만 정작 고양시가 발간한 '2022년 고양 환경백서'에 따르면 2021년 1인당 하루 생활폐기물 발생량은 0.75kg에 불과하다고 합니다. 용역보고서에서 쓰레기 배출량을 0.44kg가량(약 58%) 늘린 셈인데 이를 통해 소각량 예측을 '뻥튀기'한 것 아니냐는 의혹이 제기되는 것입니다.(출처 : 〈고양신문〉)

탄소중립 정책에 따라 앞으로 국가정책에 의해 쓰레기는 대폭 감소될 것입니다. 더 나아가 창릉 신도시에도 소각장이, 지금 고양시가 추진하는 JDS경제자유구역 조성 시에도 신도시에 상응하는 소각장이 병행하여 건립될 것입니다. 1인당 쓰레기 방출량도 오히려 줄 것으로 예상되고, 추가적인 소각장 건립도 예정되거나 예정될 상황에서 막대한 예산을 투자하여 거대한 소각장을 도무지 왜 짓는 것인지 이해할 수 없습니다. 예산 절감을 말하면서 고양시 자체예산으로 수천억 단독 소각장 건설을 추진하는 이율배반적 결정을 어떻게 내릴 수 있는지요.

덕이 탄현지구 교통편의를 증진하고 환경시설 광역화라는

국가시책에 부응하기 위한 대곡소사선 탄현, 파주 연장에 지금이라도 적극적으로 합의하고 파주 광역소각장 설치 협의로 고양시 주민 갈등을 해소해주길 부탁드립니다. 그것이 시민 행복과 경기 북도 중심도시로 가기 위한 첩경입니다.

해법은 없고 말법만 있는
후쿠시마 오염수

두세 분이 마신다고 후쿠시마 오염수가 다 없어지거나 안전해지지 않습니다.

총리 – "기준 맞으면 오염수 마시겠다."

교수 – "희석된 오염수 마시겠다."

아직 오염수 방류도 하지 않았고 오염된 해산물을 수입하지도 않았습니다. 그런데 노량진에서 수산시장에서 바닷물을 마시고 회를 드시며 안전하다는 요식행위를 합니다. 오염되지 않은 것을 먹었으니 당연히 안전한 것이고 수산시장 한 번

가는 걸로 핵 오염수가 안전해지지는 않습니다.

일본과 가장 가까운 인접 국가인 우리나라 국민이 느끼는 공포를 당연하다 인정하고 해법을 찾아야지 억압하거나 윽박지를 일은 아닙니다. 국가는 질병과 공포로부터 국민을 보호할 우선적 책무가 헌법에 보장되어 있습니다. 그것을 수행하는 것이 대통령이고 정부임은 명확한 사실입니다 광우병 사태 당시 국민저항으로 미국과 재협상을 통해 30개월 미만 소를 수입토록 했고 검사장 수를 대폭 늘려 안전을 확보했습니다. 동물성 사료를 가축사료로 사용하는 것을 금지시켰습니다. 후쿠시마 오염수가 생태계에 미치는 영향을 연구 분석할 충분한 시간이 필요합니다. 또 과학발전을 통해 안전에 근접하도록 노력하는 것이 일본이 인류에 대한 최소한의 예의입니다. 후쿠시마 오염수는 당사국인 일본이 안전성을 입증할 때까지 더 오랜 시간 육상에 보관해야 하고 또 안전하다는 처리수를 그렇게 시급히 방출하려 하면 할수록 '왜'라는 의구심만 커질 뿐입니다. 누구도 가보지 않은 길이기에 더 안전할 때 가자는 것입니다. 결정권 없는 세대에 전가되는 고통이기에 우리는 더 신중하고 또 신중해야만 한다는 것에 동의 못할 이유가 무엇입니까. 안전이 검증될 때까지 방류를 중단하고 3년이고 5년이고 오염수가 생태계에 미치는 영향분석에 착수하여 매년 결과를 발표, 세계인의 신뢰를 받아야 합니다. '그만하면 안전하지 않을까?' 공감을 얻을 때까지 할 일을 하는 게 가장 빠른 길입니다. 어쩔 수 없는 상황이 오기 전까지 핵 오염수는 일본 육지 안에 머물러야 합니다.

대곡 소사선(서해선) 탑승기

    빠르고 승객이 예상외로 많았습니다. 능곡에서 김포공항역까지 약 7분이 소요되고 고속으로 달려서인지 소음은 있으나 그래도 쾌적한 느낌입니다. 주말인데도 이렇게 사람이 많으면 출퇴근 시간이 당연히 걱정이고 특히 공간 부족은 다시 한 번 더 생각해볼 문제입니다. 김포공항역의 경우 4개 노선이 환승하는 데 편의시설이 두 개밖에 없고 쉴 수 있는 공간도 충분치 않습니다. 4개 노선 탑승객이 함께 도착해서 한 공간에서 환승하는 숫자가 계산되어야 하는데 그렇게 했는지 의문입니다. 서해선에서 내려 5호선 등을 갈아타려면 지하

70~80m에서 긴 에스컬레이터 2개, 짧은 에스컬레이터 1개를 갈아타야 하는데 비상시 대피 시설이 눈에 잘 띄지 않았습니다. 동력으로 이동하는 평상시에도 번잡하고 지체 현상이 발생하는데 전원이 꺼진다면 어떻게 행동할지도 미리 안내되었으면 좋겠습니다.

다시 서해선을 타고 대곡으로 돌아오는 지하철을 탔습니다. 긴 터널을 지나 능곡으로 빠져나오자 온 창문에 김이 서렸습니다. 습도를 빨아낼 환풍 장치가 부족하다는 뜻일 것입니다.

가장 큰 문제는 역시 대곡역 환승 체계 미비였습니다. 보완되지 않고 이대로라면 사고 발생이 충분히 예상됩니다. 탑승장 폭과 길이가 좁고 경의선, 경의·중앙선, 서해선을 타기 위해 하나의 탑승장을 이용합니다.

과연 출근 시간 최대 수용인원이 이용할 공간으로 충분할까. 하루 탑승객 1,000명도 안 되던 경의선 시설을 수만 명이 사용하는데 정말 괜찮은지, 탑승장 폭을 넓힐 수 없다면 길이를 확장해 차량 수가 적은 서해선과 경의선은 앞쪽을 이용하도록 하고 차량 수가 많은 경의·중앙선은 뒤쪽에서 분산 탑승하게 하면 어떨까 고육지책으로 생각해봅니다. 서해선에서 내려 화정 오는 3호선을 타러 나가는 데 경의·중앙선, 서해선을 이용하려는 3호선 환승객과 만나자 인파를 뚫고 나가기가 힘들었습니다. 천정에 서로 반쪽씩 나눠 이동하도록 진행 방향 화살표라도 부착해야 할 듯합니다

날은 덥고 인파는 많고 탑승장 폭은 좁고 주말인데도 이런데 평시 출근 시간 정말 문제없는 것일까. 원희룡 장관께서 다녀가셔야 할 곳은 이 대곡역 출근현장이지 테이프만 끊는 어울림 운동장만은 아닐 것입니다. 응급 처방으로 대곡역 탑승장을 확장하고 노약자 전용 엘리베이터 설치라도 해야 한다는 생각이 강하게 듭니다.

대곡을 뒤로 하며 서해선이 일산까지 연결되고 GTX가 개통되고 식사 트램과 교외선이 대곡에 연결되는 고양 철도 완성의 날을 상상해봅니다.

프레임 속으로 도망치는 정부의 과실

윤석열 정부는 무오류라는 환상 속에 살고 있는 듯합니다. 지도자가 '내 책임'이라고 하지 않으면 따르지 않게 되고 적극 행정을 바랄 수 없습니다. 반복되는 재난 속에 "정부는 어디있는가"라고 국민이 묻고 있습니다. 프레임 속으로 도망치고 나의 잘못을 인정하지 않는 남의 탓 공방뿐이었습니다. 그러면 왜 정부가 필요하고 국민께 어떻게 의무를 요구할 수 있겠습니까. 지난 1년, 사건이 발생할 때마다 전 정부 탓, 엄중한 책임 추궁을 애기했지 정부를 책임지는 대통령으로써 국민을 향한 미안함, 피해자에 대한 죄송스러움을 표한 예를 찾아보기 어렵습니다. 벌써 당선 후 1년 반이 지나가고 있습니다. 정부 책임이 아닌 것이 이 사회 어디에 있습니까. 오송 지하차도 사고가 인재고 정부가 책임질 일이지 어찌 환경부와 국토부 관할의 문제입니까. 관할도 윤석열 정부 내의 일 아닙니까. 그 시각 중앙부처, 지방정부 담당자 모두 어디 있었습니까. 그 정도 폭우면 당연히 전 공무원의 1/2, 1/3이 근무중이어야 했지 않습니까. 서너 번 예고가 있어도 단 한 사람도 현장에 없었습니다. 이것이 정부가 백배 천배 사죄할 일이지 환경부와 국토부 관할 문제로 전환하는 것은 사태의 근본 해결책을 또 다시 방치하는 것입니다.

프레임 전쟁으로 지지율을 올리고 정치는 성공할지 몰라도 이 순간이 지난 후 정부를 기억하는 국민은 없을 것입니다. 국정은 순간과의 싸움이 아니라 미래와의 긴 대화입니다. 당장은 모면할지 몰라도 역사는 긴 안목으로 냉정하게 평가할 것입니다. 역사의 소리에 귀를 기울이십시오.

식사트램 패스트트랙 현수막을 보고

길은 하나만이 아닙니다. 불가능하던 상황 속에서 여러 묘안을 짜, 4차 철도망 계획에 반영한 식사트램이 시장 선거 때는 '트램 말고 신분당선'에 묻혀 천덕꾸러기 신세였다가 낙선 후에는 일제강점기 전차라는 혹평에 죄인 아닌 죄인으로 살아야 했습니다. 트램 유치는 갚을 수 없을 만큼 크나큰 죄악이었습니다. 더군다나 철도용역비 추경 확보가 마치 신분당선 확정처럼 받아들이는 분위기 속에 속앓이를 하기도 했습니다. 무차별 뱉어대는 철도공약에 공공의 합리는 자리를 잃고 사적 이해가 지배한 신기루 같은 시간들이었습니다. 약

1,400억의 사업비를 200억 정도 시비 분담으로 추진하는 이 절묘한 협상 결과가 넝마 조각이 되어 식사동 단톡방을 날아다닐 때 아팠습니다. 이해충돌이라는 헛소리에 대응해 실 거주 목적으로 구입했다는 정정보도를 받아냈지만 아직도 이해충돌이라 알고 있는 분들이 있습니다. 다중과 언론의 횡포가 아닐 수 없습니다. 말의 성찬으로 허비한 1년 반 2028년 경 완공 목표로 추진되던 식사트램이 갈지자 행보를 하고 있어 빨리 명확해지기를 바랍니다.

식사트램은 고양시 철도의 독립 선언입니다. 고양시가 운영권을 갖는 첫 철도고 그래서 도시공사에 철도분야 신규 직원들도 채용해 놨습니다. 칼바람 속에 또 코로나19 상황에서도 함께 한 식사동 공동체가 식사트램으로 결론 나자 수고했다고 감사패를 만들어 주던 그때를 잊을 수 없습니다. 신분당선만 '선'이란 분위기에서 이제 다시 트램이라도 조기 건설하자는 방향으로 의견이 모아지는 것 같아 그나마 다행입니다.

정치인은 누구나 시민이 원하는 모든 것을 다 해주고 싶을 것입니다. 그러나 현실적 제약으로 미흡한 측면이 많습니다. 함께해주신 식사동 주민 그리고 비난을 감수하면서도 다시 식사트램 패스트트랙 지정을 위해 나서주신 분들께 감사드립니다.

길은 하나만이 아닙니다. 먼저 확정된 식사트램을 추진하고 다음에 신분당선이든 뭐든 실력껏 제2, 제3의 다른 철도 노선이 식사동을 지나게 만들면 될 일입니다. 바둑에 '아생타사'라는 말이 있습니다. 내 것을 지키는 게 먼저라는 말입니다. 그런데 내가 잡은 트램을 죽이고 없는 신분당선만 살리려 했습니다. 식사트램 유치는 칭찬받을 일이지 배척당할 일이 아니었습니다.

원희룡 장관님 화정터미널 폐쇄,
동의하셨나요.

화정터미널이 2023년 5월 31일 폐쇄되었습니다. 고양시 최초의 화정터미널이 덕양지역 이용자 불편 해소를 위해 경유라도 유지해 달라는 주민의 간절한 요구도 무시한 채 문을 닫았습니다. 고속버스 노선변경 인허가는 국토부장관 승인 사안 아닌가요. 자료를 보니 7월 1일 기준 아직도 고속버스 2개 노선이 화정터미널을 경유하는 것으로 나와 있습니다. 이 것이 사실이라면 장관께서는 절차를 위반한 것은 아닌지요. 터미널을 폐쇄하기 전 노선 변경이 선행되어야 하지 않나요. 이에 대해 국토부와 고양시는 사실관계 해명을 부탁드립니

화정 터미널에서 차를 기다리는 시민들

다. 또 철도교통의 발달과 자가용 이용 증가로 수익성이 악화
되는 터미널을 일방적으로 폐쇄할 것이 아니라 세종시 종합
청사 버스정류장처럼 자동발권기를 설치하고 경유 버스(고속
시외)도 정차하는 방안 검토가 필요해 보입니다. 충분히 대안
을 찾을 수 있음에도 너무 성급하게 시민편의를 수익률과 바
꿔버린 행정이 안타까울 뿐입니다

김동연 지사님께도 5월 23일 "아직 화정터미널엔 기다리는
사람이 있습니다. 영업손실이 발생해 고양터미널로 통합한다
고 해도 화정 이용 승객은 어떻게 할지 대책이 먼저 논의되

어야 하고 최소한 경유 노선만이라도 존치시키는 행정조치를 해야 합니다. 지금도 늦지 않았습니다. 화정터미널 인근 상가한 평만 임대해 자동발매기 한대 설치하고 터미널 옆에 잠깐 정차했다 출발하면 되는 아주 간단하고 쉬운 일입니다"라고 대책 마련을 주문한 바 있습니다.

국토부와 경기도 고양시는 화정터미널 경유 대안을 조속히 마련하여 주민 불편 해소에 적극 나서야 합니다.

정치의 무능에 분노할 때

국가나 지방이나 정치의 무능에 한숨 쉬게 하는 오늘입니다. 잼버리 대회는 '어쩌다 우리나라가 이렇게 망가졌나' 국민들을 부끄럽게 했고 이태원 참사, 오송 지하차도 참변 등 정상적인 국가의 대처나 사고 수습이 아니었습니다. 아직도 정부로부터 미안하다는 말을 들은 기억이 없습니다.

지방도 예외는 아닙니다. 고양시의 경우 신청사 논란으로 벌써 1년 반을 지샜고 의회 무시 행정과 정제되지 못한 발언은 '이것이 자치인가' 하는 자괴감을 갖기에 충분합니다. 심지어 경기도 감사 지적 사항을 무시하고 부시장이 직접 기안해 의회를 거치지 않고 예산을 집행했습니다. 어쩌다 이 지경이 되었을까. 성숙하지 못한 정치인이 모든 것을 맘대로 할 수 있다 착각하고, 여기에 협조하는 부조리한 세력들이 공생하기 때문입니다. 경제자유구역 800만 평 할 수 있다면 하십시오. 다만 보상금만 약 40조에 이를 텐데 자금조달 계획과 분양가가 얼마인지는 밝히고 하십시오. 또 그곳에서 발생되는 쓰레기 소각장은 그 쪽에 지으십시오. 그것이 대규모 개발사업 추진의 기본 상식 아닙니까. 도대체 왜 고양동이나 관산동이냐고 소각장에 꽂힌 사람들에게 묻고 싶습니다. 충분히 아팠고 많이 낙후되었습니다. 필요한 것은 균형발전 집중 투자지 혐오 시설 집합소가 아닙니다. 자금 관리 잘 한다니 물어보겠습니다. 고양시 단독 소각장 건설 시 지원받지 못하는 국비 약 900~1,000억 원은 어떻게 조달할 것입니까. 국도비 및 예산 미집행 으로 인한 교부금 페널티 액수와 그로 인해 사라진 일자리 개수를 밝히십시오. 파주 광역소각장 건설을 성사시키기 위해 무엇을 얼마만큼 노력했는지 밝히십시오. 주민설명회도 취소하고 추진하는 소각장은 훗날 행정절차 미비와 주민 저항 등으로 반드시 좌초될 것입니다. 정치인들도 책임을 통감해야 합니다. 내 지역이, 내 일이 아니니까가 아니라 합리와 이성으로 시장을 견인해야 하는 의무를 소홀히

하지 않았습니까. 정치에 대한 국민의 실망이 큽니다. 더 이상 방치하다가는 중앙이나 지방 모두 국민 대다수의 분노에 직면할 것입니다.

PART 2

이재준
죽이기와
외로운 싸움

1 ——————

낡은 정치의 시절

이제 우리는 새로운 세상에 접어들었습니다. 결코, 이것을 바라고 직접 민주주의가 실현되어야 한다고, 언로의 새로운 통로가 열려야 한다고 주장을 했던 것은 아닙니다. 앞으로 제가 말씀드릴 2022년 고양시 시장 선출을 두고 벌어진 혐오의 광경을 통해 우리는 직접민주주의에 대한 회의를 경험하리라 생각합니다.

하지만 그럼에도 불구하고 포기할 수 없는 것이 '집단 지성'의 힘입니다. 물건을 만드는 것도 사람이지만 용도를 부여하는 것도 사람입니다. 수단의 오염을 말미암아 수단 자체를 봉

쇄하는 것, 그 자체가 특권 체제입니다. 그리고 그것이 '열린 사회'를 막는 적 그 자체이고요.

이제 오염된 수단을 통해 고양시민, 나아가 우리 사회의 유권자들은 우리의 모습을 직시하게 되실 것입니다. 결코, 진보라 해서 마냥 면피할 수는 없을 것입니다. 악마 같은 모습을 드러낼 혐오의 모습은 투사와 반영이란 과정 없이는 이루어질 수 없습니다. 각자의 진영이 서로 데칼코마니로 혐오를 쏟아 낸 결과에 불과할 것이기 때문입니다.

선거는 끝났습니다. 하지만 앞으로도 우리의 민주주의에 대한 여정은 지속할 것이고 적어도 '인간다움'을 보장받고 '인간으로서'의 대우를 받아야 한다는 것에 대한 투쟁은 계속될 것입니다.

그러기에 불이익이 주어질 수 있다고 해서 피할 수 없습니다. 선거라는 인간의 욕망이 절정을 다해 서로 합을 겨루는 과정이 혐오로 물들고 그것을 선거란 명목으로 봐줘야 하는 세상이 일상화된다고 생각해 보시죠.

더욱 혐오를 쏟아부어 상대방을 악마화하는 데 성공한 선출직이 이 사회의 지도자가 된다고 생각했을 때 우리 사회의 도덕적 기준은 어디까지 추락하겠습니까?

이에 떨어진 후보를 위해서도 당선된 후보를 위해서도 이 혐오의 과정은 기록이 되어야 하며 두루 읽혀 경계의 전범으로 삼아야 한다고 생각합니다.

당선된 사람에게 말하고 싶습니다. 이 혐오를 이번에 어떻게든 세상에 내보이는 노력은 우리 모두를 위한 것입니다. 더욱 강한 자극 요법을 원하는 대중과 그를 이끌어 가는 측근에서 우리가 자유롭기를 바라서입니다. 이미 혐오의 부메랑은 저에게 정면으로 들이쳐 돌이킬 수 없는 패배를 안겨 주었습니다. 그리고 그 부메랑은 새로운 희생양이 아닌 바로 그 부메랑을 던진 자에게 돌아갈 것입니다. 반드시 돌아갈 그 부메랑, 같이 던지고 싶은 수많은 정치 기술자들이 즐비하지만, 누군가는 그것을 막아야만 혐오의 매트릭스를 벗어날 것입니다.

혐오의 세계로 오신 것을 환영합니다! 이것을 벗어나면 우리는 괴물이 되지 않도록 서로 약속을 하고 들어가 봅시다!

먼저 오픈 카톡에 대해 설명하겠습니다. 교과서적인 의미에서 오픈채팅방 또는 오픈 카톡방은 텔레그렘, 카카오톡, 디스코드, 밴드 등의 SNS에서 오픈채팅을 위해 만들어진 오픈 채팅 커뮤니티를 뜻합니다. SNS, 특히 오픈 채팅이 활발해지며 점차 늘어나기 시작했으며, 여러 웹 기반 커뮤니티와는 다르게 오픈 채팅, 소셜 네트워크를 기반으로 형성됩니다. 오픈 채팅방은 오픈 채팅을 통해 취미, 친목을 진행하거나 정보

교환, 공부를 목적으로 개설된다. 가족 혹은 친구들이 연락을 위해 형성하기도 하며, 직장에선 업무 지시를 위해 오픈채팅방을 개설하기도 한다. 개중에선 정보를 유료로 판매하는 유료 공유방, 유료 단톡방같은 형태도 존재합니다. 단톡방(그룹채팅)과 흔히 혼용되곤 하는데, 단톡방은 카카오톡에서 등록된 친구를 초대하여 만들어지는 형식이며, 오픈 채팅방은 채팅방 링크를 통해 접속이 가능하다는 차이가 있습니다. 또한 오픈채팅방은 단톡방과 달리 소셜 네트워크 상에서 검색이 가능하며 가입할 때에 비밀번호를 요구하기도 합니다.

파일, 목소리, 단체통화 등 여러 형태로 소통이 가능하며 연동된 앱에 따라선 송금, 선물등의 행위까지 수월하게 할 수 있으며 대부분 모바일이 연동되므로 비교적 접속과 참여가 자유롭습니다.

다만 단점 또한 명백한데, 정보 공유방에서 잘못된 정보 즉 찌라시가 나돌거나, 불법 촬영물 혹은 저작물을 무단 배포하는 등 불법이 자행되기도 하며, 저작권법을 우회하여 저작물을 공유하는 문제도 빈번히 발생한다. 또한 메신저, 채팅형식에 의존하여 진행되다보니 주도적인 관리자가 없는 경우 분란이 발생하기 쉬우며, 어그로, 분쟁으로 인한 문제도 있습니다.

이러한 정의에서 보듯이 오픈 채팅은 '익명성', '링크를 통한 가입' 등의 특징을 가지고 있습니다. 익명성은 무차별한 인신 공격과 허위사실 배포에 대한 위험성 등을, 링크를 통한 가입과 자유로운 복사 및 전달 기능 등은 무차별적이고 동시성을 지닌 배포의 가능성을 가지고 있는 것임을 알 수 있습니다.

뒤에 자세히 서술할 이동환 당선인 캠프에서 공식적으로 관리했다고 판단되는 공식 지지자 오픈 카톡인 '2동환고양♡'에서 흑색선전을 하기 위해 날조된 내용이 어디로 얼마까지 퍼질 것인지에 대해서 아무도 가늠할 수 없고 수정이나 해명 자체가 불가능한 것이 바로 오픈 채팅입니다.

본디 지역 발전에 대한 정보나 지역 민원사항의 취합을 위해 자생적으로 만들어진 단톡방이 본격적으로 선거 운동의 수단으로 쓰이게 됨을 적나라하게 보여 주는 광경을 보시게 될 것입니다.

더구나 당시 단톡방의 대다수가 부동산 소유자 등 자산가격 형성에 지대한 관심이 있는 성향을 가지고 있었습니다. 단톡방들 모두 자체적으로 자산가격 형성에 이익이 되는 후보를 홍보키 위한 준비가 되어 있던 상황이었다는 점이 이번 고양시장 선거를 앞두고 보이는 특이한 상황이었습니다.

카톡 내용을 보면 이미 충분한 협력 관계를 맺은 지역 단톡방도 있는 상황이며 동시에 열심히 참석해 이미 상당한 영향력을 확보한 지역 단톡방도 꽤 있음을 알게 되실 것입니다.

이런 상황에서 더 많은 지역 단톡방에 영향력을 행사하려는 노력을 행사하려는 것은 그간의 고양시장 선거와는 전혀 다른 양상이었습니다.

하지만 흑색선전과 저열한 인신공격이 과연 얼마나 퍼질는지, 어떤 방식으로 퍼지는지, 그리고 이 대화가 오프라인에서 어떤 파급을 할지 아무도 모른다는 것이 이러한 온라인 점조직 선거 방식에 대한 두려움을 가지게 하는 것입니다.

그리고 누군가 이것을, 아마도 가장 직접적인 피해를 본 제가 이것을 제기해 조금이라도 저항하지 않는다면 우리의 선거와 민주주의는 실패할 것입니다. 그것이 제가 따로 선거 과정에서 있었던 일을 복기하는 이유입니다

'2동환고양♡'의 정체와 실상

　카카오톡에 추가된 기능인 익명 단체톡인 이른바 '오픈 카톡' 내에 이동환 후보 측의 주요 선거 관계자인 모 고양시의원이 2022년 1월 18일 공식지지자 모임인 '2동환고양♡'을 개설했습니다.

　이후 개설자 모 시의원을 중심으로 이동환 후보를 지지하던 '2동환고양♡'은 이후 운영진 변경이 몇 차례 이루어졌지만 그런데도 특히 이동환 후보는 공식 지지자 모임의 부방장으로 대부분 기간을 활동하고 참여자에 대한 인사 등을 통해 본인 인증을 한 바 있습니다. 또한, 개설자인 모 시의원은 주도적 역할을 한 것에 대한 증거 역시 가지고 있습니다.

하지만 이동환 후보에 대한 지지를 벗어나 해당 오픈 카톡 '2동환고양♡'에서 더불어민주당 이재준 후보, 저를 사칭하는 행위를 조장하고 방조하는 일이 수시로 선거 기간 내내 이루어졌습니다.

수십여 차례 대화를 통한 의견 교환 후 독려하는 것이 발견되었음에도 이동환 후보나 '2동환고양♡' 운영진은 전혀 제지하지 않았던 것이며 이를 선거가 끝나고 이동환 시장이 '점조직'을 통한 자발적 선거 운동이라 자평한 것은 아닌지 물어보고 싶은 것입니다.

또한, 그 운영진 중 많은 사람이 현재 고양시의 여러 고위직에 위촉직 등으로 지명되어 활동하고 있습니다. 불법적 선거 운동 혹은 흑색선전을 하고 공직을 얻는 것이 용인된다면 앞으로 이러한 선거 운동이 얼마나 더 횡행할지 실로 걱정이 앞서는 것입니다.

고양시장 경선 과정에서 일어난
공공연한 이미지 왜곡 논의 1

고양시장 후보를 가리기 위한 민주당 경선이 한참 진행되던 시기입니다. 이미 '2동환고양♡'에서는 민주당 유력 후보들에 대해 어떤 이미지로 왜곡된 공격을 할 것인지에 대한 논의가 한참 진행되고 있음을 보여 주는 자료입니다.

저는 '고정 표와 언론 플레이'를 쉽게 보는 사람이 아닙니다. 하지만 민주당의 고정표는 몰라도 언론 플레이를 익숙하게 하지 못해 저의 시민에 대한 진짜 속마음을 고양시민에게 제대로 전달치 못했습니다. 그런데 저렇게 당시 이동환 후보를 지지하던 분들이 저렇게까지 고민해도 안 됐을 것을 고민하는 것을 보니 미안해지기까지 합니다.

그리고 닉네임은 가려져 있지만 상대 당 시장 후보의 캠프에서 특보 자리를 맡고 지금은 고양시에서 상당한 자리에 위촉된 분이 계십니다. 그분은 저를 향해 "재준은 최성과의 연계성이 있고 부정의 측면이 더 있다고 보여집니다"라는 카톡을 합니다.

이어 다른 오픈 카톡 참여자는 저에 대해 "이ㅈㅈ의 각종 비리 등을 고양신문 등 언론에서 다 막아버리고 있습니다. 그

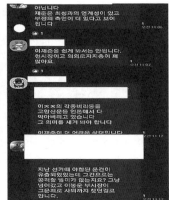

'2동환고양♡' 자료 1

의미를 새겨 봐야 합니다"라고 부연해서 대화를 이어 갑니다.

다음에 이어지는 카톡에서도 나오겠지만 제가 시장으로 재직하던 당시 재임 초기부터 '허위 이행각서'의 대대적인 의혹 보도 등이 쏟아져 나왔습니다. 저에 대해 언론 등이 호의적인 분위기가 아니었습니다.

모 언론사의 식사지구에 역 신설을 추진했던 제가 식사지구 아파트를 '영끌'('영혼까지 끌어모으다'를 줄인 말)해서 매입했다는 보도를 기억하실 것입니다. 전국적으로 공직자가 직위를 이용한 부동산 투기에 대한 비판 여론이 들끓는 가운데 나온 보도로 저를 소재로 한 저 보도로 저에 대한 비난 여론이 엄청났습니다.

하지만 시민단체의 반응은 달랐습니다. 특히나 식사지구 주민들의 반응은 다음과 같았습니다. 식사동 주민들이 주축인 '고양도시철도추진연합'은 성명서를 통해 "시민운동의 성과인 트램을 개인의 투기를 위한 정책으로 호도한 왜곡 보도를 사과하고 정정하라"라고 요구했습니다. 윤종현 고양도시철도추진연합 대표는 "고양시장의 실거주 목적의 주택 구입을 투기로 비화시켜 지역주민들의 투쟁 성과를 폄하하는 보도를 즉각 중지하고 사과방송 하라"라고 비판했고요.

화정 6단지를 팔고 1년 반 정도 2층 단독주택에 임대로 살았습니다. 그 집을 비울 때가 돼서 장모님과 함께 두 집이 살 공간이 필요했지요. 그래서 산 주택이고 대출을 받을 수 있는 최대한을 받았습니다.

하지만 앞으로도 계속 언급되겠지만 저를 공격하는 분들은 마치 제가 국가의 주요 정책을 좌지우지할 수 있는 사람인 것마냥 모든 것을 제가 투기를 하기 위해 그런 거로 몰아가셨지요. 그리고 언론은 확인할 수도, 확인되지도 않을 사실을 가지고 제가 얼마든지 공격받을 수 있는 소재로 중앙지부터 일간지까지 모두 저를 계속 공격한 것은 이미 모두가 알고 있는 사실입니다. 한 마디로 언론을 제가 막을 수 있었다는 것은 불가능하다는 것을 익히 알게 되셨을 겁니다.

언론을 막고 있다는 카톡에 이어 "지난 선거 때 야합된 문건이 유출되었었는데 그 건으로는 공격할 빌미가 없는지요? 그냥 넘어갔고 이봉운 부시장이 그 문제로 사퇴까지 했던 걸로 압니다"란 카톡이 이어집니다.

이미 '허위 각서'로 판명된 것을 가지고 공격을 운운하고 어떤 야합에 의한 수사기관의 봐주기로 흑색선전의 빌미를 찾습니다. 그걸 가지고 선거 기간 중 무수히 저에 대해 허위사실에 기초한 공격의 소재로 쓰인 것입니다.

2020년 10월 13일 기호일보의 보도를 일부 옮겨 볼까 합니다.

"2018년 고양시장 선거와 관련, 더불어민주당 후보 공천 과정에서 전·현직 시장 사이에 불거졌던 '특정 정치적 합의 이행각서 작성' 의혹이 허위 사실로 드러났다. 12일 의정부지검 고양지청에 따르면 해당 사건과 관련 당사자들의 공직선거법 위반 혐의에 대해 무혐의 처분을 내렸다. 검찰이 밝힌 무혐의 결정문에는 지역 내 A 단체 등 다수의 시민단체가 제기한 고양시장 선거 관련 민주당 소속 전·현직 시장들이 공천 단일화를 위해 '인사 방침 및 수용 대상' 등 내용을 담아 최성

전 시장의 대리인 B 씨와 이재준 현 시장 명의로 2018년 4월 30일 자로 작성했다는 '특정 정치적 합의 이행각서'는 위조된 서류로 확인됐다."

그저 당내 경선을 열심히 대비하고 있던 저와 민주당은 앞으로 다가올 본선에서 '언론 플레이에 능숙한 범죄를 야합 때문에 덮을 수 있는 사람'으로 매도될 것은 상상치도 못했던 상황이었습니다.

고양 시장 경선 과정에서 일어난
공공연한 이미지 왜곡 논의 2

'셔터 준'이라며 저를 비하하고 마치 제가 감옥에 갇혀 있는 범죄자인 것처럼 보이게 하는 사진도 광범위하게 배포되었습니다. 정말 '각종 문제 발생 시 시청 문 내리고 도망간 후에 담당자를 박살 냅니다, 말 잘 들으면 보상도ㅠ'라는 말씀처럼 그런 일이 있었을까요?

시청은 '청사 방호관리규정'에 근거한 청사 방호 메뉴얼에 따라 출입 통제 등이 행해지는 것이며 이는 시청 업무의 연속성과 안정성을 위해서입니다. 만약 제가 임의로 '셔터'를 내려 시민의 정당한 의사표시를 막는 걸 저렇게 말씀하시는 대로 즐겼더라면 현재 고양시 '민선 8기' 이동환 시장도 수차례 셔터를 내리는 것도 그것을 즐겨서일까요? 저는 지금의 '민선 8기'도 여전히 청사 방호를 통한 시청 업무의 연속성과 안정성을 위해 셔터를 내

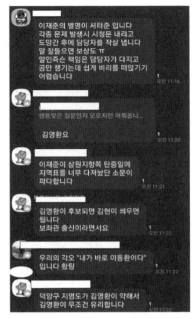

이재준의 별명이 셔터준 입니다
각종 문제 발생시 시청문 내리고
도망간 후에 담당자를 작살 냅니다
말 잘들으면 보상도 ㅠ
말인즉슨 책임은 담당자가 지고
공만 챙기는데 쉽게 비리를 떠앉기기
어렵습니다
오전 11:16

썽뚱맞은 질문인지 모르지만 여뤄봅니...

김영환요
오전 11:20

이재준이 삼원지향쪽 탄중일에
지역표를 너무 다져놨다는 소문이
파다합니다
오전 11:21

김영환이 후보되면 김현미 씌우면
됩니다
보좌관 출신이라면서요
오전 11:22

우리의 각오 "내가 바로 이동환이다"
입니다 홧팅
오전 11:22

덕양구 지명도가 김영환이 약해서
김영환이 무조건 유리합니다
오전 11:22

'2동환고양♡' 자료2

리는 것이라고 생각합니다. 다만, 셔터를 내리고 난 후 코로나 등 방역 문제로 대화를 더 적극적으로 하지 못한 점, 항의하시는 분들의 민원을 모두 해소하지 못한 점은 죄송스러운 마음입니다. 그리고 각종 문제가 발생하는 상황을 말씀하시는데 방호 문제가 생기는 이유는 주로 '민원사항'을 해결해 주길 바라는 마음으로 항의 등을 하러 오셨기 때문입니다. 어떻

게 제가 셔터를 내리고 그 민원을 무시한다고 말하면서 제 말을 잘 들으면 보상을 한다고 하는지 이해가 가지 않습니다. 민원을 무시하게 되면 그 공무원에게 보상할 근거인 민원에 대한 처리가 원천적으로 없으니 이래도 이상하고 저래도 이상하지만 어떻게든 바로 '비리' 이미지가 저에게 귀결되기만 하면 되는 것이니 봐도 봐도 쓴웃음만 날 뿐입니다.

저와 경선한 모 예비후보에 대해 그분이 보좌관으로 함께 일했던 장관을 씌우면 된다고 합니다. 애초에 그 예비후보가 주장하는 것도, 그 예비후보가 어떤 사람인지도 중요하지 않은 채 오로지 왜곡되고 그릇된 상징조작에만 몰두하는 것이겠지요. 제가 후보가 아니었다면 언급된 장관을 어떻게든 이용하여 왜곡과 혐오의 대상이 다른 예비후보가 되었으리라는 것은 능히 짐작할 수 있는 겁니다. 그래서 이제는 저런 선거운동을 공공연히 획책하는 것을 자료로 남길 수밖에 없다고 생각합니다. 저런 저열한 흑색선전이 독버섯처럼 계속 퍼져나간다면 한국의 선거와 민주주의는 제 기능은커녕 사망 선고를 받을 것이기에 말입니다.

트램 왜곡으로 짓밟힌
식사동 주민들의 순수한 열망

'트램'에 대한 경과부터 살펴봅니다. 지난 2020년 12월 29일 국토교통부 대도시권광역교통위원회(이하 대광위)가 발표한 광역교통대책에 식사·풍동지역의 숙원사업이었던 '도시철도 트램 도입'이 포함됩니다. 식사·풍동지역은 10년이 넘게 대중교통이 불편한 교통 소외 지역으로 있었고, 이에 철도교통을 요청하는 주민들의 요구가 오랫동안 제기된 지역으로 자발적인 시민들의 교통 개선에 대한 열망이 결국 이 사업을 가능케 한 원동력이 된 것입니다. 시장으로 있으며 식사동 지역의 문제를 알기에 단 하루도 문제 해결의 묘수를 고민해 보지 않은 적이 없는 주요한 과업 중 하나로 기억합니다. 그렇다면 과연 시장 재임 당시 언제 식사동으로 이사를 하였을까요? 2020년 3월 27일의 일입니다. 이때, 2020년 총선의 결과는 식사동이 속한 '고양 병' 선거구는 이미 '3기 신도시'만으로도 워낙 거센 반발이 일어나 제가 속한 더불어민주당의 승리보다 오히려 상대 당 후보의 당선이 예상됐던 것은 주지의 사실입니다. '고양 병' 선거구에서 민주당 후보인 홍정민 후보가 국회의원에 당선됐습니다. 이후 정말 열심히 고양선 식사

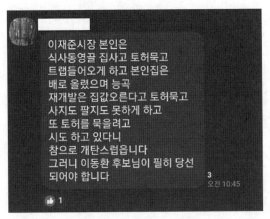

이재준시장 본인은
식사동영끌 집사고 토허묵고
트랩들어오게 하고 본인집은
배로 올렸으며 능곡
재개발은 집값오른다고 토허묵고
사지도 팔지도 못하게 하고
또 토허를 묵을려고
시도 하고 있다니
참으로 개탄스럽읍니다
그러니 이동환 후보님이 필히 당선
되어야 합니다

3
오전 10:45

👍 1

'2동환고양♡' 자료3

동 연장을 위해 홍정민 의원과 고양시는 최선을 다했습니다.
하지만 고양선 식사동 연장이 타당성 등 문제로 좌절되고 어
떻게든 교통 문제를 해결하기 위해 대안으로서 '트램'을 LH,
경기도와 협약하여 도시철도 사업으로 확정을 하게 됩니다.
식사동 주민들이 '경전철' 도입을 믿고 분양을 받은 분들입니
다. 하지만 약속과는 다르게 경전철 도입은 2008년 12월 강
현석 시장 당시 도입하지 않기로 결정됩니다. 이후 식사동 주
민이 끊임없이 십여 년간 지속해서 교통 개선을 위한 민원과
시민운동을 전개한 사실을 모두 왜곡하고 오로지 고양시장인
제가 무소불위의 힘으로 트램을 오로지 저의 집값을 위해 끌

고 왔다는 왜곡을 시도하는 저 카톡을 보며 자괴감만 드는 것입니다. "식사동 영끌 집 사고"라고 하셨지만, 대출을 받지 않고서는 앞서 말씀드린 것처럼 연로하신 장모님과 함께 살 큰 평수를 구할 수 없던 개인적 사정이 있었습니다. "본인 집은 배로 올렸으며"라고 했지만 2021년 이후 급속히 고양시 모든 아파트가 급속도로 가격이 오르게 됩니다. 그리고 여전히 그 집에 장모님과 아이가 살고 있습니다. 그런데도 아파트 가격은 트램이 들어오는 것이 확정되기 전과 거의 비슷하게 내림세로 돌아섰습니다.

재개발 문제에 대해서는 다른 카톡에서 또 왜곡을 시도하니 그때 말씀드리도록 하겠습니다.

식사동 시민들이 주축이 되어 이룩한 성과마저 모조리 왜곡하는 저런 카톡이 공공연히 돌아다니고 있었지만, 오히려 식사동에 특혜를 준 것처럼 흑색선전을 당한 저는 식사동에서 정말 낮은 득표를 하게 됩니다. 지속해서 무엇이 문제였나 깊은 고민에 빠져드는 주제입니다. 선거에 임하는 다른 분들이 선의와 진심만으로 안 되는 것이 선거구나 한 번쯤 고민해 볼 주제가 아닌가 싶습니다.

언론중재위원회를 통해 이 뉴스의 사실관계가 잘못되었음을 정정 보도 하라는 명령을 받아냈지만 정정된 사실을 누가

언론 정정보도 사진

얼마나 알며, 선거는 끝났습니다.

맥락 없는 인용으로 진의 왜곡

취임 이후 모 신생 인터넷 언론사와 대담한 기사를 이렇게 왜곡하고 있습니다. 집값에 대한 시민 기대의 압박을 묻는 질문이 나옵니다. 저의 의견을 표시해 놓은 부분만 보면 '어차피 이사할 것인데 그 사람들에게 무슨 신경을 쓰냐'를 의도한 것입니다. 그리고 수없이 반복되어 '어차피 이사 갈 사람

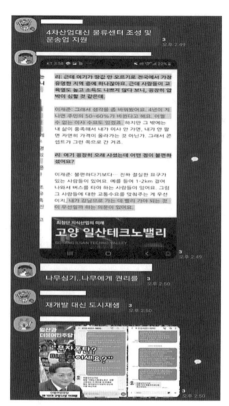

'2동환고양♡' 자료4

들이 사는 고양시니 집값 신경 안 쓰고 가난한 도시로 만들어 민주당 텃밭으로 이재준이 만들려고 한다.'라는 도무지 이해 가 안 가는 왜곡된 논리로 무수히 저를 공격하게 공격할 소재로 SNS에 유포해 나갑니다. 하지만 저는 분명히 그 뒷부분을 보면 아시다시피 "이사를 하지 않아도 되는 도시를 만들어 거래량이 줄게 되면 자연히 가격이 오를 것이다, 그러므로 삶의 풍족도가 중요하다"라고 분명히 언급했습니다. 또한 다음 줄을 보면 '내가 강남으로 가는 데 빨리 가야 하는 것이 우선일까 하는 의문이 있어요'라는 것을 라인을 그어가며 강조합니다. 아마도 제가 강남을 빨리 가게 하는 교통 개선 자체를 안 하게 하겠다는 이미지를 의도한 것이고 무수히 많은 그런 왜곡된 선동을 SNS 상에서 하게 됩니다. 하지만 질문자는 시장으로서가 아닌 고양시에서 오래 산 시민이자 정치인의 관점에서 불편한 점을 물어본 것입니다. 이에 저는 교통 사각지대 문제가 심각하다고 보고 있고 시장으로서 고양시민의 삶을 균형적으로 살펴야 하니 먼저 교통 사각지대 교통 문제를 해결해 보고 싶다고 피력한 것을 철저히 왜곡한 것입니다. 묻고 싶습니다. 강남 등 서울과의 인접 교통 개선을 위해 제가 어떤 노력도 기울이지 않았는지를 말입니다.

4차 국가철도망 구축계획에 고양시 요구노선인 7개 노선을 모두 반영시켰습니다. 광역 철도는 2개에서 9개 노선이 늘어난 11개 노선이 됐습니다. 철도사업비는 2019년에 신설해 555억 원을 적립시켰습니다. 또한, 마을버스는 16개 노선이,

외곽지역을 순회하는 누리 버스를 신설해 7개 노선을, 공영 주차장을 19개소 늘렸습니다.

교통 사각지대를 해소해야 그곳에 거주하는 고양시민도 철도와 도로를 자유로이 이용할 것입니다. 그리고 도시 교통에 사각 없이 누리는 교통 편의성이 그토록 바라는 고양시의 자산가격 상승도 가져오리라는 것을 모르고 저런 왜곡을 당시 이동환 후보의 지지자들이 했으리라고 생각하지 않습니다.

맥락을 왜곡해 특정 부분을 극단화해 진의를 왜곡시키는 저열한 공격은 계속 이어집니다.

시민을 소송하고 싶은 시장이 있으며, 조롱하는 미친 정치인이 있으랴

얼마든지 지지자로서 저런 이미지 대비를 할 수 있다고 봅니다. 하지만 1년이 지난 지금 셔터를 지금 이동환 시장도 내리고 있는 현실에서 지지자들은 어떤 판단을 하고 계실지 궁금합니다. 시민을 대상으로 소송한 부분을 말씀하신다면 적어도 이것만은 말씀드릴 수 있습니다. 단 한 번도 시민들을 대상으로 어떤 악의를 가지고 한 것이 아닙니다. 법규와 상

'2동환고양♡' 자료5

충하는 점이 있어 이를 행정 차원에서 고쳐 보려 해도 조정이 되지 않아 공무원으로서 어쩔 수 없이 법에 답을 구해 보려 한 것입니다. 상식적으로도 시민의 지지를 얻어 당선되고, 시민에게 다시 표를 구해야 하는 정치인이 소송한다는 것이 말이 될는지요. 하지만 서운하셨던 점이 무엇인지도 잘 알고 있습니다. 재개발이나 기부채납의 경우는 법률 준수에 대한 해석상 의견 차이로 좁혀지지 않는 견해차가 있어 어쩔 수 없이 법원에 판단을 구한 것입니다. 또한, 수사 의뢰 등을 한 것에 대해서는 경찰에 고소와 고발 등이 접수된 경우 담당 공무원이 그간의 업무 관행에 따라 수사 의뢰 등을 한 거로 알고 있습니다. 선출직 공무원이 계속되고 싶은 정치인이 시민을 상대로 소송을 하고, 시민을 조롱한다는 것은 누구도 할 수 없는 일입니다. 제가 만약 그랬다면 그런 사례를 명확히 제시해 주신다면 기꺼이 토론할 마음이 있을 정도로 결코 시민들께 조금의 그릇된 마음도 품지 않았다고 분명히 말씀드립니다. 마빈 박사라 하신 것이야 어찌 됐건 가장 크고 유능한 악이니 차라리 고마울 지경입니다. 그런데도 저는 한 번도 소환이 된 적이 없으며 최성 시장과 딜을 했다는 것은 '위조각서'로 이미 사법적 판단이 이루어진, 전혀 근거 없는 일임이 당시에도 명확함에도 허위사실 유포를 버젓이 하고 있습니다. 무려 당시에도 시의원이고 현재도 시의원이 만든 오픈 카톡에서 선거 캠프 핵심 관계자와 심지어 이동환 당시 후보가 가입된 곳에서 벌어진 일이란 사실에 망연자실할 뿐입니다.

재건축, 재개발
지금은 잘되고 있는지요

가장 오해를 많이 받았던 것이 재건축과 재개발을 제가 방해했다는 것입니다. 이에 대해 유튜브에서도 해명했지만

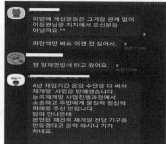

이재준이 되는 순간
일산에는 재건축 재개발이 없다고
생각 하시면 됩니다.

정답이요

정답2222

절대 안되지요

이재준이 되는 순간 일산에는 재건축 재...

ㅇㅈㅈ되면 일산은 지옥불

이방에 계신분들은 그거랑 관계 없이
이동환님을 지지해서 오신분을
아닐까요 ^^

파란색만 봐도 이젠 전 싫어서.

전 일재연방서 타고 왔어요.

4년 재임기간 온갖 수단을 다 써서
재개발 사업을 방해했습니다.
능곡재개발 사업진행과정에서
소송하고 주민에게 물질적 정신적
피해를 주신 분입니다.
답이 안나온데
본인은 재건축 재개발 전담 기구를
만드겠다고 공약 하시니 기가
차네요.

'2동환고양♡' 자료6

(https://youtu.be/YxU_40dO2bA), 전혀 그런 적이 없습니다. 도시도 사람처럼 낳고 치료받고 소멸하는 생태계를 가지고 있습니다. 일산 신도시는 제가 재임하던 시절 일단 30년이 넘지 않았고 심지어 재건축 연한은 40년이었던 것을 2014년 부동산 경기 부양을 위해 30년으로 낮춘 것입니다. 자칫 잘못하면 재앙적인 상황이 될 수 있는 1기 신도시 재건축 문제에 대비해 2021년 12월, 22년 1월 '1기 신도시 어떻게 할까'라는 주제로 5개 시장들이 모여 국회 토론회를 개최한 사실을 아실 것입니다. 장항 공공택지 지구에 200여 채의 순환주택도 마련했습니다.

마땅히 리모델링과 재건축, 재개발에 관련된 준비를 해 놓았는데 재건축과 재개발을 방해했다고 흑색선전을 하는 것은 선거에 이기기 위해서라고 이해를 하지만 그것이 오히려 그렇게 원하던 고양시 아파트나 주거용 부동산의 가격 상승을 방해하는 이미지만 만들었다고 저는 생각합니다.

어떤 경우에도 자기가 먹는 우물에 독을 타면 안 되는 것이지만 선거란 게 무엇인지 고양시의 발전을 간절히 원하시는 분들이 고양시 이미지를 악화시켰던 것이 그저 씁쓸합니다.

이제 그토록 일산 재건축과 고양 재개발의 희망이라 기대하신 시장으로 교체가 되었습니다. 하지만 현실은 어떠한가요? 저를 그토록 공격하던 3기 신도시를 압도하는 규모의 경제자유구역 800만 평이 발표되었습니다. 가장 최근에는 킨텍스나들목 인근으로 추정되는 곳에 수변도시 조성을 하는 것도 고려해야 하지 않느냐는 개발 계획이 발표되었습니다. 압도적인 규모로 신규 택지를 조성하고 거의 90%의 면적에 주택단지가, 5% 이상의 면적에 상업용 건물이 들어서게 된다면 과연 재건축은 가능할까요?

이제 와서 회고하지만, 창릉에 신도시가 들어오지 않았다면 오래전부터 논의됐던 JDS 지역에 신도시가 발표되었을 것이고 재임 기간 그토록 엄청난 저항을 받고 오해의 대상이 되지 않았을 것입니다. 2009년 8월 13일자 시정일보의 기사를 발췌해 봅니다.

"고양시(시장 강현석)는 지난 4일 일산동·서구 장항, 대화, 송포, 송산동 일원 약 2만8166㎡에 이르는 시가화예정용지(이하 JDS지구)에 대한 기본구상 용역에 착수했다고 밝혔다. 시는 이번 용역을 통해 단일 사업지구로 수도권 최대규모(일산신도시의 약 1.8배)인 JDS 지구가 녹색성장 복합자족도시로 거듭날 수 있는 기본전략 수립과 합리적 대안을 마련한다는 계획이다. 시는 기본구상 용역을 통해 한강 르네상스, 수도권 대심도 철도 등 관련 계획과의 연계성과, 산학·연· 클러스터 형성을 위한 대학유치 방안 및 한강과 연계된 수변개발을 적극적으로 검토하고 있다. 또한, 킨텍스, 한류월드 등 입지시설과도 상호보완 관계를 이뤄 시너지효과를 낼 수 있도록 사업구역별 효과적인 기능 배치에도 심혈을 기울일 것이라 전했다."

차라리 됐을 때 뭐라도 했더라면

'퍼런당'은 민주당을 말합니다. 민주당이 되는 순간 일산이 슬럼가 돼도 거들떠보지도 않는다고 말씀을 하시지만 이미 진행된 개발 사업만도 경기고양방송영상밸리, 일산테크노밸리, CJ라이브시티, IP융복합 콘텐츠 클러스터, 킨텍스제3전시장을 들 수 있습니다. 탈고양을 원하는 사람들이 많아질 것이라고 하시지만 여전히 고양시의 인구는 꾸준히 증가하는 추세임을, 그리고 세상에 어느 단체장이 인구가 줄어드는 것을 원할까요. 조금이라도 돌이켜 생각해 보면 있을 수 없는 이야기지만 언제나 그렇듯이 이분들의 상상력에 미치기는 지금도 어렵습니다. 마지막 '눈 밖에 난 동네들은 진짜 지옥을 경험할 듯'이란 말씀은 적법한 행정을 어떻게든 지키려고, 그리고 단지 균형발전을 단체장으로서 추구한 저로서는 저런 권한이 주어졌더라면 어떻게든 더 좋은 고양을 만들었을 텐데 하는 아쉬움마저 듭니다. 오히려 지금 눈 밖에 난 동네들이 시청도, 도시 재생도, 복합커뮤니티센터도, 혁신지구도, 그리고 평생 교육센터도 모두 중단, 취소, 반납되는 현실을 맞닥뜨린 지금 지옥은 다른 의미로 벌어지고 있는 것입니다. 공식 지지자들의 이러한 행태를 막지 않는다면 선거 혼탁은 막을 수 없습니다

정말 심각한 문제가 발생합니다. 노골적으로 저에 대해 흑색선전을 하자고 선동을 합니다. 그리고 이곳은 사실상 당시 이동환 후보의 공식 온라인 지지자들이 모여 있고 이동환 시장 선거캠프의 주축들이 관리자로 있었던 것입니다.

이런 흑색선전에 동조하는 당시 이동환 후보의 지지자들도 본인들이 하는 행동이 여론 조성 행위임을 명백히 알았다는 것으로 범죄 행위가 공공연히 자행된 것입니다.

적폐로, 시민과 소송전을 하는, 도로를 막은, 쓸모없는 일자리 만든 덕양 일산 분리주의자로 저를 만들겠다고 합니다. 하지만 적폐로

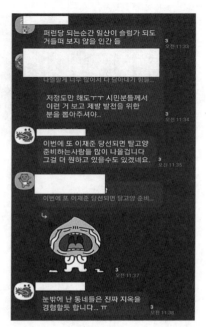

퍼런당 되는순간 일산이 슬럼가 되도 거들떠 보지 않을 인간 들
오전 11:33

나열할게 너무 많아서 다 담아내기 힘듦...

저정도만 해도ㅜㅜ 시민분들께서 이런 거 보고 제발 발전을 위한 분을 뽑아주셔야..
오전 11:34

이번에 또 이재준 당선되면 탈고양 준비하는사람들 많이 나올겁니다 그걸 더 원하고 있을수도 있겠네요.
오전 11:35

이번에 또 이재준 당선되면 탈고양 준비...

오전 11:37

눈밖에 난 동네들은 진짜 지옥을 경험할듯 합니다... ㅠ
오전 11:38

'2동환고양♡' 자료 7

불리는 저는 민주당 내 반발에도 불구하고 킨텍스와 요진 문제에 대해 최대한 시민사회에서 제기된 우려를 해소하려 노력을 했습니다. 내부 감사를 철저히 했고 모든 우려를 해소하기 위해 모든 정치적 부담을 제가 안고 수사 의뢰를 했습니다. 시민과 소송전을 하셨다고 하지만 법규를 두고 해석상 문제가 있는 경우에 합의점을 찾지 못해 어쩔 수 없는 경우를

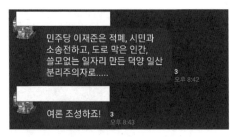

민주당 이재준은 적폐, 시민과
소송전하고, 도로 막은 인간,
쓸모없는 일자리 만든 덕양 일산
분리주의자로.....

여론 조성하죠!

'2동환고양♡' 자료 8

제외하고 어느 선출직 시장이 시민과 다툼을 벌이겠습니까.
참담할 뿐입니다. 도로를 막았다고 하지만 제가 시장으로 있
는 동안 고양시는 광역도로 개통 개선 사업(서울문산고속도
로 개통, 국도 39호선 대체 우회도로 개통, 법곳IC 기하구조
개선 사업 등), 상습 정체 구간 개선(고양IC, 능곡IC, 통일로
등 30여 곳) 등으로 오히려 빨라진 도로를 만들었습니다. 쓸
모없는 일자리는 아마도 노인, 장애인 일자리와 사회적 일자
리를 말할 것입니다. 하지만 노인과 장애인을 생산적 복지의
틀로 끌어들이는 것이 그렇게도 불만이라면, 그리고 사회적
일자리를 원천적으로 없앤다면 과연 치안은 유지되고 그래도
인간적으로 삶의 질이 괜찮은 동네라는 이미지를 유지할 방
법이 있을까요?

도시의 구조를 하나의 시선만으로 보는 경우, 결국 빈곤과

불평등의 부메랑이 자신들에게 돌아올 것입니다. 어떻게 해서든 저를 왜곡된 이미지인 '덕양 일산 분리주의자'로 몰고 싶어 한다면 그 결론은 고양시 전체의 분열로 이어질 것을 정녕 모르고 계셨는지 직접 여쭙고 싶은 심경입니다.

인신공격,
저열하거나 허무하거나

저의 처가가 운수회사 사업을 영위한 것은 사실입니다. 공교롭게도 원당에서 노선 버스사업을 영위했습니다. 원릉역에 있던 757버스 종점이 일산으로 옮겨가면서 교통 오지가 되는 주교동 주민의 반발을 무마시키기 위해 시의 요청으로 고양시 최초 마을버스를 운영하게 되었고 오래전 장인어른이 돌아가신 후 제 3자에게 매각되었습니다. 또한 그 당시나 지금이나 시청 주변에는 단 한 평의 땅이 없습니다. 또한, 식사동 트램은 앞서 말씀드린 것처럼 '도시철도추진연합회' 등 수많은 시민이 노력해서 이룩한 것이며 제가 이사할 당시 사업 자체에 대한 의문을 모두가 가지고 있을 때였습니다. 그리고 그 정도로 힘이 있다면 오히려 고양선을 차라리 성사시켰을 것

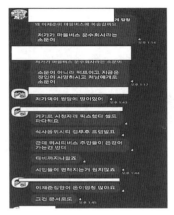
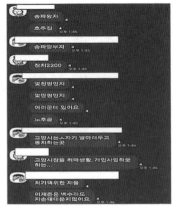

'2동환고양♡' 자료 9

입니다. 그런데 어떻게 트램을 일부러 가져왔다고 공격하는
소재가 됐는지 지금도 황당합니다. 막상 식사동과 풍동 등에
서는 고양선을 성사 못 시킨 것에 대한 강력한 아쉬움이, 그
외 지역에서는 트램도 특혜라고 하는 기가 막힌 현실이 동시
에 가능했었던 선거가 바로 지난 지방 선거였습니다. 평범한
촌로의 자식인 저를 대단한 부자로, 송파 땅 부자로 몰아가십
니다. 외조부 상속 재산이라 10여명 공동소유고 지분도 한두
평인 것을 공직자 재산신고를 통해 알면서도 이렇게 허위사
실을 유포하는 것입니다. 그런데 말만이라도 부자로 만들어
주시니 기분은 그래도 좋을 뿐임에 위안을 받습니다.

이것이 자랑했던
점조직 형태의 선거운동

　오픈 카톡을 이용한 네트워크, 이른바 이동환 후보가 선거가 끝나고 언급한 '점조직' 형태의 선거 운동이 이런 것인가 봅니다. 실제로 당시에도 여러 규제로 힘들었고 지금도 규제로 개발이 힘든 대곡역 개발과 재건축으로 덕양구의 오픈 카톡에서 홍보할 것을 서로 주문하기도 합니다 이사를 하러 가면 반으로 줄여갈 것이라는 공포 심리를 자극하는 논리를 제공하기도 합니다. 민주당 재건축은 모두 공공임대라는 허황한 말도, 리모델링이 어떻게 재건축보다 돈이 더 든다는 것인

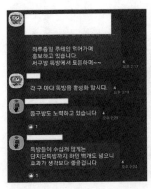

'2동환고양♡' 자료 9

지에 대한 허황한 말도 여과 없이 유포할 것을 주문합니다. 그 와중에 호남과 민주당에 대한 혐오는 바탕에 당연히 깔려 있습니다. 이동환 선거캠프의 주요 책임자들이 관리하는 사실상 공식 지지자들의 온라인 거점에서 이런 일이 공공연히 일어났다는 것이 생각할수록 믿어지지 않습니다.

사람은 지켜야 할 도리와
넘지 말아야 할 선이 있습니다

청소년과 노인, 그리고 취약계층 등에 교통비를 지원해 주는 것은 보편 복지의 예로 국가 시책입니다. 단지, 저의 처가

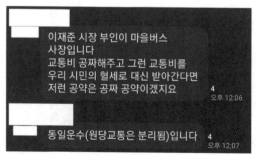

'2동환고양♡' 자료 10

가 운수사업을 영위한다는 이유만으로 국가의 보편 시책으로 대부분의 시도에서 행해지는 복지 정책이 제가 임의로 하는 정책으로 둔갑합니다. 저의 처가 그럼 운수회사를 하지 않는 집안에서 태어나는 것을 선택할 수 있었다고 생각하는 것이며, 이 대한민국이란 나라가 저의 처가를 위해서 교통정책을 편 것인지요? 실소만이 나옵니다. 그리고 저의 처가는 운수사업을 영위하고 있지 않습니다. 마을버스 사업을 영위했다는 사실과 제 3자에게 매각했음에도 불구하고 현재 영위하고 있는 사실을 혼돈하며 사실관계를 왜곡하고 있습니다. 더구나 저런 흑색선전을 이동환 후보의 사실상 공식 지지자들

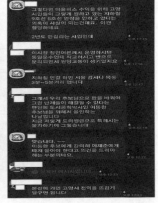

'2동환고양♡' 자료 11

이 온라인에서 모여 있는 곳에서 흑색선전하며 이제 본격적인 선거 운동이 되면 고양시 전역을 뜨겁게 달굴 소재라고 합니다. 인간적 비애와 삶의 허무함을 동시에 느낍니다. 선거과정에 있어 상대 캠프의 사실상 공식 지지자 모임에서 발생하는 대화가 정책과 특혜를 구분 못 합니다. 약자와 그간 공헌한 노인, 그리고 미래를 짊어지고 갈 청소년들에 대한 지원을 그저 상대방 선거를 공격하기 위한 특혜라는 음모론으로 몰아간다는 현실 앞에서 앞으로 우리 사회가 무엇을 극복해야 할지 더욱더 걱정될 뿐입니다.

거침 없는 혐오

한 인간에 대한 혐오는 거침없고 어떤 공약에 대해서도 댓글 공격을 하는 게 자유롭습니다. 하물며 공식 직함으로 본부장을 달고 있는 분이 오픈 카톡의 닉네임은 가렸지만, 대화에서 저런 내용의 댓글을 달 것을 독려합니다. 정말 아무 문제도 없다고 생각하는 그 사고와 그 선거캠프의 도덕성에 좌절할 수밖에 없습니다. 그리고 저런 저에 대한 인신공격하는 이미지는 2023년 현재까지도 여전히 SNS상에 유통되고 있는

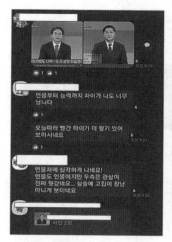

'2동환고양♡' 자료12

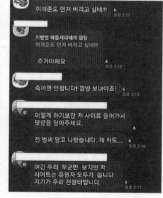

'2동환고양♡' 자료 13

'2동환고양♡' 자료 14

현실입니다.

그리고 저에 대한 공격만이 아닌 또다시 저에 대한 흑색선전, 개발을 전혀 하지 않으려 했다는 이미지와 고양시에 오직 임대주택을 넣으려 했다는 것으로 귀결됩니다. 하지만 지금 현재도 고양시에 재건축은 전혀 진전이 없으며 임대주택을 넣어야 하는 비율 역시 전혀 변함이 없습니다.

PART 3

사람이

희망을

만듭니다

초록 물고기

제가 정치를 시작한 곳이 고양 '갑'이라는 것이 어떤 의미인지 생각해볼 때가 많습니다. 아마도 〈초록물고기〉라는 영화를 기억하시는 분들이 많을 겁니다. 이 작품의 주연 한석규 씨는 본인이 역을 맡은 막둥이에 대한 애착으로 '막둥이 시나리오 공모전'을 상당히 오랜 기간 개최하기도 했습니다.

〈초록물고기〉의 공간이 바로 일산신도시가 개발되기 시작한 즈음의 고양시입니다. 과거와 미래가 공존하던 시기에 우리가 모두 느꼈던 혼돈감을 드러낸 작품입니다. 제가 영화를 보던 당시에 저 역시 고양시, 지금의 고양 '갑' 지역에 자리를 막 잡고 서울로 출퇴근을 하던 시절이니 많은 공감대를 느꼈습니다.

그 당시 저는 영화를 보며 저 혼돈은 금방 정리될 것이란 생각을 가졌습니다. 하지만 그건 헛된 생각이고 결코 금방 정리되지 않을 것이란 것을 알게 되었습니다. 당시 고양시에 있던 거의 대다수 관공서가 '고양시청' 하나만 남기고 사실상 모두 신도시로 이전했습니다. 지역의 불균형은 당연하고 모든 자원은 일산신도시를 중심으로 배정되는 것이 옳다고 끊임없이 설득 당했습니다.

지금도 저를 포함한 민주당의 정치인들이 고양시를 엉망으로 만들고 전혀 기반시설을 구축하지 않은 채 그저 집만 지었다고 낭설을 퍼뜨리며 오해를 통한 자기들의 정치적 지위를 획책하려는 집단이 기세등등한 것이 고양시의 현실입니다.

하지만 사실은 이렇습니다. '2020 고양 도시기본계획'에 이르기까지 보수당이 정권을 잡는 시절 일산만을 중심으로 도시기본계획이 설정됐습니다. 일산 외에 도시 기능을 부여받지 못한 수많은 지역이 무분별하게 택지가 개발됐습니다. 그것이 고양시 전체를 억누르고 있는 교통난의 근본 원인이며 인프라 부족으로 인한 도시지원시설 미비로 무엇을 하려고 해도 어려운 실정임을 부인하지 못할 것입니다.

민선 7기 들어와 균형발전의 문제점을 진단하고 이미 저질러진 난개발을 수습해 도시 기능을 어떻게 찾을 수 있을 것인가를 구체적으로 고민하기 시작했습니다.

서울 및 인근 도시권과 유기적인 발전을 꾀해 결과적으로 인구 110만에 이르는 고양시의 역량을 최대한 끌어올리자는 것이 균형발전의 목표입니다. 일산을 억눌러 덕양의 발전을 꾀하는 것이 결코 아닙니다. 덕양을 발전시켜 일산의 잠재력도 동시에 극대화하겠다는 도시 계획의 목표, 그것이 바로 균형발전이라는 화두입니다.

균형발전지원조례를 만들어 소외된 지역에 더 빨리, 더 많은 예산이 집행되도록 했고 착공 후 장기간 정체된 도로망 구축을 먼저 준공토록 하고 새로운 도로계획을 설계토록 했습니다. 도로와 기반시설은 그 지역을 풍요롭게 하는 제 1순위 시정 목표였습니다.

고양시 1기 신도시는 서울에 필요한 노동력을 확보하기 위해 위성도시를 만든 것이지 자족도시를 만들어준 것이 아닙니다. 수변도시를 꿈꾸던 JDS개발계획은 수포로 돌아갔고 수도권정비계획법은 고양시에 유리하게 개정된 적이 없습니다.

기업이 들어오는 영상밸리, 테크노밸리는 제가 경기도 기획재정위원회 위원장 시절 통과시킨 경기도 사업으로 시장이 되어 착공했고, 킨텍스 3전시장 또한 기획재정부 예비타당성 조사를 통과했습니다. 창릉신도시에 자족용지 40만평을 받아내 상암지구와 연계되는 첨단산업단지를 설계했고, 조성원가에 자족용지를 판매할 수 있는 공업물량 3만 평을 받아와 유리한 조건으로 우수 기업을 유치할 수 있게 만들었습니다.

* 덕양구: 고양동 도서관 준공, 관산근린공원과 체육관 추 진, 신원마을 행정분소, 원흥복합문화센터 추진, 삼송역 복 합체육시설 추진, 삼송지구 복합문화부지 매입, 강매 장애인 복지관과 평생교육센터, 능곡역 1904, 능곡재래시장 청년주택 부지 매입, 화전 드론센터 준공, 행신 CCTV센터 앞 주차장 부지 매입, 화정 내일꿈제작소 착공, 원당 성사혁신지구 착공, 고양신청사 원당 신축 확정, 39번 우회도로 준공, 대곡 역세권 및 덕은지구 개발 2035 도시계획 반영 등

* 일산구: 화사랑과 일산농협 창고 매입, 일산역 서구보건소 착수, 알미공 원 동구보건소 착공, 탄현문화체육센터 착수, IP융복합센터 유치, 경기도시공사 북부사업소 부지에 경기도 3개 공공기 관 유치, 소노캄 호텔 옆 주차장 부지 독립영화관 추진, 통일 정보자료센터 유치, 탄현근린공원 매입, 서

해선(대곡소사선) 일산연장, 탄현역 급행 정차, 4차 철도망 계획에 7개 노선 반영, JDS지구 및 백마역세권 개발 2035계획 반영 등

이것이 아무 일도 안 하고 집만 짓고 실적이 없다고 하는 민선 7기의 화려한 성적표입니다.

무언가를 공을 들여 만드는 것은 오랜 세월이 걸리지만 무너지는 것은 한 순간입니다. 대통령이 바뀌고 시장이 바뀌었다는 것만으로 균형발전을 위한 모든 노력이 물거품이 돼버린 현실에 자괴감만이 고양시를 감싸고 있습니다. 그리고 이제 고양시는 회복 불가능 상태로 접어드는 것은 아닌지 두려움마저 갖게 된 믿기지 않는 현실입니다.

이제는 정치 세력의 교체입니다. 더욱 정교하고 실증 가능한 고양시에 대한 발전계획을 가지고, 도덕적이고 공인으로서 요구되는 도리를 갖춘 그런 정치세력으로의 빠른 교체가 고양시에 드리운 어두운 그림자를 걷어낼 것입니다.

소리만 요란한 헛말 정치가 아니라 지역 발전을 견인할 책임정치로 전환해야 합니다. 정쟁이 아니라 민생, 중앙과 지역 모두에서 통하는 검증된 실력 있는 지역정치가 새로운 정치 지형을 만들어 갑니다.

평화경제특구와 통일로선

균형발전에서 소외된 채로 많은 불편함을 감수했습니다. 그것이 덕양구이고 고양 북부입니다. 덕양구와 고양 북부 모두에 속해있는 곳이 바로 선거구로 말하면 고양 '갑'일 것입니다.

과거 내유동은 고양시에서 가장 큰 공단지역이었습니다. 공릉천 냇가는 염색한 가죽을 말리기에 제격이라 동두천과 내유동은 피혁공장 지대로 나름 명성을 얻었습니다.

정부의 수질오염 방지와 집단화로 반월공단으로 이주하게 되었지만, 내유동은 얼마 전까지만 해도 피혁공장의 흔적이

드문드문 남아있던 곳입니다.

피혁공장이 당시 한국의 선도 산업이었다면 반월공단으로의 이주 후 그곳을 새로운 주력 산업의 중심지로 계속 키워야 했습니다. 모두 떠나고 가죽을 말리던 공릉천 냇가는 시민의 품으로 돌아왔지만 북적이던 사람들과 약동하던 경제의 맥박 소리는 돌아오지 못하고 있습니다.

대신 탱크를 막는 울타리가 세워지고 공장 이전촉진지역이 되어 빈 공장 터만 남아있습니다. 반드시 그 옛날 선도사업인 피혁공장 돌리며 숨소리가 목까지 차오르던 그 날처럼 다시 뛰는 경제거점이 되고자 하는 꿈을 구현해야 합니다.

하지만 현실은 온갖 기피 시설이 다 몰려 있는 것도 모자라 소각장까지 만든다고 합니다. 그것을 '그린 에너지'란 말로 포장한다 한들 속을 우리 주민들이 아닙니다. 기어이 지역의 미래를 싹마저 짓밟는 이유를 되묻고 싶을 뿐입니다.

이제 더 이상의 희생은 안 됩니다. 저는 다음과 같이 생각합니다.

바로 통일로선(조리금촌선)이 지축 금촌을 연결하는 철도 노선으로 4차 철도망 계획에 반영된 이상 정부를 설득해 반드시 주요 국책사업으로 속히 진행시켜야 합니다.

2018년 시장선거 공약으로 지축 차량기지를 내유동 부근으로 옮겨 3호선을 연장하고 그 비용은 지축차량기지를 용도 변경해 마련하겠다고 했습니다. 이것을 파주시가 동의해 고양 파주가 MOU를 체결하고 금촌역까지 연장하는 안을 4차 철도망 계획에 반영시켰습니다.

이제 그것을 실현할 때가 되었습니다. 사업 타당성을 극복할 수 있는 절호의 기회가 왔고 우리 고양 북부를 획기적으로 변화시킬 법안이 통과했습니다. 시장이 바뀐 고양시에서는 혐오의 대상이 된 그 단어, 바로 평화입니다. 새로운 고양 북부 발전을 위한 법안, 바로 〈평화경제특구법〉입니다.

평화경제특구가 조성되면 △남북교역·경협 및 연관기업, △전·후방 산업 연관 효과가 큰 기업, △융·복합화를 통한 고도화 가능성이 큰 기업 등을 중심으로 산업단지가 조성되고, 입주 기업에 △조세·부담금 감면, △세제혜택 등 여러 가지 지원책이 마련됩니다.

이를 통해 지역경제 활성화는 물론 전·후방 산업연관 효과로 경제성장 동력도 확보될 전망이며 평화경제특구법과 시행령은 오는 2023년 12월 시행될 예정으로 법 시행 후 평화경제특구 기본계획과 개발계획 마련에 따라 2025년경 평화경제특구가 지정될 것입니다. 고양시가 평화경제특구로 지정받으면 조세감면 등 기업유치와 산업발전에 도움 되는 혜택을 받을 수 있고 빠르면 2027년경 공사에 착수할 수 있을 것입니다. 고양 북부지역이 평화경제특구로 지정이 된다면 고양 경제 활성화뿐만 아니라, 균형발전도 동시에 이루어 고양의 질적 발전을 한 층 더 올리는 계기가 될 것입니다.

현재 고양시의 경제 축은 대부분 일산 남부에 집중되어 있습니다. 옛 경제 축이었던 식사동, 덕이동은 아파트 단지로 변신했지만, 내유동 등의 고양 북부는 빈자리 쓸쓸함만 묻어나는 채 잊힌 땅입니다. 고양 북부의 멈춰 버린 경제 축을 다시 돌려야 합니다. 평화경제특구 지정을 이뤄내고 3호선을 금촌까지 연장하는 통일로선을 완성해야 합니다. 금촌· 봉일천· 내유동 ·관산동· 용복원· 신원마을· 지축으로 이어지는 통일로선은 의주로 옛길의 철길화 사업으로 반드시 쟁취해내야 합니다.

그것은 끊임없이 그 문제에 천착할 진정한 지역 정치인의 사심 없는 헌신으로만 가능할 것입니다. 지역의 문제를 캠페인으로 선거 때에만 반짝 말하는 것이 아닌 실제로 그 문제를 어떻게 구상하고 만들어 왔고 얼마나 노력해왔는지로 지역의 정치인들을 바꿔야 합니다.

너무 오래 기다리셨습니다. 저의 간절한 이 생각은 정치 생활 내내 끊임없이 노력했고 현실화 과정을 밟아왔기에 단언

할 수 있습니다. 이 기회를 살리는 것이 고양 북부의 살길이라는 걸 말입니다!

평화경제특구를 조성하고 반쪽짜리 내유동의 다른 반쪽을 경제와 삶터로 바꾸는 것은 수십 년 묶여있던 3종 규제에 대한 보상이 될 것입니다. 지축 차량기지는 반드시 옮겨야 합니다, 삼송 지축 은평의 연결을 차단하고 있는 마지막 장벽 차량기지는 이제 도시발전을 가로막는 걸림돌이 되었습니다. 차량기지를 용도변경 해 그 이익금으로 통일로선 건설 사업비를 분담토록 해야 합니다.

공릉천을 따라 지상으로 전철이 연결되고 우리의 숨결같이 고운 공릉천 사계를 볼 수 있다면 상상만 해도 가슴이 벅차오릅니다.

내유동과 조리읍 등 고양 북부의 평화경제특구 연계개발은 두 지역의 철도 수요를 충족시킬 것이고 서울지역 인재들의 출퇴근 문제도 쉽게 해결되어 산업이 성장하는 두 도시 이야기가 될 것입니다. 금촌에서 열차를 타고 지축까지 30분씩 돌아오던 불편도 통일로선 건설로 해결될 것입니다.

고양 북부에 대한 연계개발은 이제 한 도시만으로 해결 불가능했던 의제를 고양과 파주, 두 개 도시가 연합해 규제를 해소하는 모델이 되고, 파주도 서울의 우수 인재들이 출퇴근

할 수 있는 가까운 곳에 산업단지를 조성할 수 있게 돼 훨씬 지정 유인이 클 것입니다.

고양 북부의 평화경제특구는 사리현동 고양공단, 지영동과 함께 어우러져 시민의 삶의 만족도를 높여 줄 것입니다. 수도권이란 것도 모자라 접경지역이란 이유로 지속적인 발전의 제약을 받는 도시가 아니라 발전 가능한 제2의 전성기를 맞는 새로운 고양으로 거듭날 것입니다.

신청사 시청역 인근에
경기북도청 분청 유치해야!

원당 신청사는 어떠한 논란에도 다른 곳으로 이전 변경할 수는 없습니다. 지금 정상적인 행정이 아닌 신청사 이전을 방해하는 행위는 결국 불가능하게 될 것입니다. 저는 정상적인 행정을 지키고 시민의 주권과 함께 하는 처지에서 고양시와 관변 단체로 의심되는 시민단체들의 감사 및 고발을 반드시 견뎌낼 것입니다. 오히려 저를 공격하고 핍박하면 할수록 저의 의지는 더욱 강해질 뿐입니다. 하지만 투쟁만으로는 안 됩니다. 저 말도 안 되는 정치가 지나고 난 후에 과연 우리는 어떤 구상을 하고 무엇을 해낼지 또한 고민해야 합니다. 발상을 전환해야 합니다. 신청사뿐만이 아니라 덧붙여 무엇을 더 가져올 것인가, 무엇을 더 신청사에 얹어올 것인가를 생각해야 합니다. 고양시는 고양시만으로 추진하는 것에는 한계가 있을 수 있습니다. 제가 시장으로 재임한 민선 7기가 고양시에 소재한 경기도 소유의 경기도시공사 부지를 용도변경 하는 것에 협조하고 그 안에 공공기관 3개를 유치한 것에 시사점이 있다고 생각합니다.

그리고 새로운 계기가 생기고 있습니다. 바로 김동연 지사가 기득권을 포기하고 진정성을 가지고 추진하는 경기북도의 분도입니다. 30년이 넘도록 지루하게 끌어왔던 경기북도 신설이 김동연 경기지사에 와서 비로소 강력한 실현 가능성이 보입니다. 경기도는 김동연 지사의 핵심 공약 중 하나인 '경기북부특별자치도 설치'를 위한 협력기구인 '경기북부특별자치도 설치 민관합동추진위원회'를 출범시키고 관련 협의를 지속적으로 하겠다는 것입니다. 김 지사는 경기북부특별자치도를 '대한민국 신성장 잠재력을 지닌 경기 북부가 독자적 비전으로 발전하기 위해 중앙정부의 특별한 지원이 보장되고 특별한 자치권이 부여된 지자체'로 정의하면서 2026년 출범을 목표로 한다는 의견을 철회한 적이 없습니다. 경기 북부 지역은 수도권정비계획법과 군사시설보호구역, 개발제한구역, 상수원 보호구역 등 전국의 그 어떤 지방자치단체보다 많은 규제를 받는 상황입니다. 김 지사는 경기북부특별자치도를 통해 단순히 경기도를 북부와 남부로 나누는 것을 넘어 경기 북부지역에 산재한 이런 규제를 걷어내고자 하는 것입니다. 경기북도 분도가 성사된다면 무엇을 가져올 것인가를 생각해야 합니다. 지금처럼 경기도 수많은 도시 중 하나가 아니라 분도를 했을 경우 고양시는 경기북도의 대표도시가 되는 것이며 받아올 무엇이 있는가를 전략적으로 판단해야 할 때입니다. 경기도 분도가 성사되고 특별자치도로 간다면 고양시 이점을 생각해야 합니다. 그동안 수도권에 묶여있던 3종 규제를 조금이라도 거둬낼 수 있다면 우리는 그 방법을 선택해야 합니다.

경기북도청은 의정부 한 곳에 있을 수는 없습니다. 분청을 두어야 하고 특히 경기 북부를 연결하는 순환철도인 교외선이 개통되면 그 철도 연결 선상에 있어야 한다고 생각합니다. 신청사와 멀지 않은 곳에 있어 서로 윈윈 할 수 있다면 엄청난 상호 상승효과를 만들어 낼 것입니다.

최소 비용으로 최대의 효과를 누릴 방법을 제안하고자 합니다. 시청역 위에 교외선과 식사 트램이 환승하게 됩니다. 회전 반경 등을 고려한다면 일정 면적의 공간이 필요하고 환승센터가 있어야 합니다.

환승 센터를 복합 개발하여 경기북도청 분청이 입주하는 방법이 있을 수 있습니다. 고양시가 터무니없이 내세우는 '원당 재창조'란 말도 안 되는 계획보다 훨씬 가능성이 있고 고양시의 위상을 전국적으로 높일 방안이 될 것이라 확신합니다.

고양시는 중앙도서관이 없습니다. 환승 센터 복합 개발로 하부에는 환승 센터와 주차장, 중간부에는 중앙도서관, 위에는 경기북도 분청이 들어오는 방법을 구상하고 속히 제안해야 합니다. 고양시가 경기북도 분도에 반대하며 법상, 행정상 아무 근거도 없는 '경기북부경제공동체'를 구상하는 것을 이해할 수 없습니다. 씨름은 힘으로 하는 게 아니라 남의 힘을 이용하는 기술이듯 지금 고양시는 씨름의 기술이 들어가야 할 때입니다.

중앙도서관 명칭도 그 흔한 일반명사를 사용하지 말아야 합니다. 고양시의 브랜드 가치를 총체적으로 높이기 위해 화정 1단지에 사시며 작품 활동을 하시다가 돌아가신 우리나라 대표 문인이신 '최인훈 도서관'으로 명명하는 것도 한 방법입니다. 그분의 유품을 보관할 수 있는 문학관도 소박하게 꾸미고 갈아타면서 대기하는 많은 분이 책을 읽는다면 그보다 더 좋은 사례는 없을 것입니다.

도시 브랜드 가치를 높이는 것은 이런 복합적이고 융합적인 사고방식에 의해 고양되는 것이지, 그저 홍보비만 쓰거나 기업 몇 개가 들어온다고 해서 저절로 좋아지는 것은 아닙니다.

이런 방식을 추진한다면 식사 트램의 사업성도 매우 높아질 것이고 사통팔달의 경기북도의 중심도시로 거듭나게 될 것입니다. 다만, 경기북도가 실현된다면 고양시가 받아와야 할 것은 경제와 문화, 환경에 중점을 두고 경제청과 문화청, 환경청을 중심으로 유치를 해야 할 것입니다.

합리적이지 않은 생각으로 큰 흐름에 역행할 수는 없습니다. 협상의 전략적 측면에서는 좋은 방법이지만 합리적이지 않은 것이 본질이 되어 절호의 기회를 잃는 것은 하수들이 쓰는 전략입니다.

경기북도 분도 추진에 우리가 얻을 것이 있다면 올라타야 합니다. 현재의 틀 속에서는 고양시 삼중 규제를 해결할 방법이 요원하다는 것만은 사실입니다. 지푸라기라도 잡을 수 있다면 잡아야 하는 것이 고양시가 처한 자족도시 실현의 한계입니다.

경기북도 경제청, 문화청, 환경청, 기타 기관 등이 고양시에 입주하는 그때를 상상해봅니다.

4

대곡역세권 개발로 화정 3동 완성을

2021년 말 '2035 고양도시기본계획'에 대곡역세권 개발이 포함되었습니다. 그동안 사업성 부족으로 가장 많은 토지를 보유하고 있는 한국철도공사(코레일)마저 사업을 포기했습니다. 하지만 제가 시장으로 재임한 민선7기는 절대 포기하지 않았습니다. 아이디어를 찾아냈고 마침내 정부의 승인을 받아냈습니다. 이제 대곡역세권 개발을 제대로 추진할 수 있게 공식화된 것입니다 많이들 물어보십니다. "대곡역세권은 언제 개발되느냐"고.

누구도 장담할 수 없었습니다. 그곳은 중앙로가 3층 높이로 지나가고 그 아래 교외선과 경의선이 지나갑니다. 토지가 6조각 난 가장 활용이 어려운 부지입니다. 누가 수익성을 장담할 수 있겠습니까. 그래서 한국철도공사도 포기하고 누구도 나서지 않는 그저 개발하겠다는 말만 무성한 공식화조차 되지 않은 개발계획인 상태로 20여년을 그래 왔던 것입니다.

앞서 저희는 다음의 아이디어로 국토부를 설득했습니다. "프랑스 라데팡스처럼 만들면 된다. 6개의 철도가 지나가고 김포공항, 인천공항이 가까운 천혜의 장소다. 비용이 많이 들면 중심업무지구로 비싸게 팔면 된다"고 하면서 생각의 틀을 깨는 아이디어가 도출됐습니다.

그에 기반해 청사진이 그려지고 국토부의 도시기본계획에 반영될 수 있게 된 것입니다. 20년 전 그곳으로 시청을 옮기겠다고 하던 그때부터 한다고 말만 했을 뿐 비용을 계산하지 않았습니다. 하나의 평면 도시를 상상하지 못했고 조각난 채로 그저 택지 개발을 하려 했을 뿐입니다. 그러니 사업성이 나빠 중앙정부를 설득하지 못했던 것이며 간절함이 없었던 반증이라 할 것입니다.

하나의 평면에 도시를 올려놓아 연결성을 가지는 공간구조가 정답이었습니다. 그 정답을 만들기 위해 오래 기다려온 만큼 이제는 개발계획을 실행에 옮겨야 할 때입니다.

대곡역에 인접한 화정은 반쪽짜리 도시입니다. 호국로 북쪽 부분만 개발되고 남쪽은 개발되지 않아 사실상 도시가 완결 점을 가지고 있지 못합니다. 현재의 규모로 고양시의 2개 도심지역 가운데 하나인 화정·창릉 지역의 도심을 이루기에는 일정 부분 한계가 있습니다.

이제 호국로 남쪽 부분 대장천 부근을 개발해야 합니다. 그 그림 속에 화정3동이 새로이 그려질 것입니다. 대곡역세권 개발은 화정동과 연계성으로 일체감 있게 설계될 것이며 39번 우회도로를 중심으로 화정3동이 비약적으로 발전하여 대곡과 화정을 하나의 생활권으로 도심을 완성해야 합니다. 대곡을 개발하며 대장천 폭도 더 확장하여 수로가 아니라 호수공원처럼 주민이 즐기는 수변공원으로의 조성이 이루어질 것입니다. 창릉 개발 이후 추진될 대곡역세권 개발은 고양시의 새로운 도약의 발판이 될 것입니다. 원당 신청사와 대장천 수변공원이 연결되어 자전거를 타거나 산책하는 시민들이 힐링할 수 있는 눈높이로 꾸며질 것입니다.

오래된 도시를 더 오래 사랑하도록 하는 방법은 인근에 더좋은 호재를 부여하여 스스로 자존감을 높이는 사회 인프라, 특히 도시지원시설의 비약적인 발전을 이뤄내는 것일 겁니다. 대곡역세권 개발은 인근 능곡, 화정, 원당의 도시 노후화를 방지할 모멘텀이 될 것이고 원당 신청사 및 앞서 말씀드린 경기북도청의 분청과 연결되어 재도약의 기폭제가 될 것입니다.

고양시 중심부는 지리적으로 대곡역세권과 원당 신청사 및 원당중학교를 잇는 라인입니다. 그 정중앙인 대곡역세권과 원당 신청사 라인을 살려내는 일, 이것이 고양 중심을 복원하는 길입니다. 기반시설 조성만으로도 엄청난 비용이 소모될 이곳에 저를 공격하시는 분들이 왜곡해서 낭설을 퍼뜨리는 전통적 물류가 들어서지 않습니다. 개발비가 많이 드는 만큼 교통 중심, 업무 중심으로 개발되어 반드시 고양 자족의 중심이 되어야 할 것입니다.

5

창릉 개발은 도래울마을과
연계 설계되어야

창릉지구 개발계획을 수립할 때 LH에 강력히 요구했습니다. 도래울마을 원흥지구 등과 연결성을 반영해야 한다는 것을 말입니다. 도시는 혼자서 존재할 수 없습니다. 인근 도시와 연결성을 확보하여 서로 상승작용을 하면서 커지는 것입니다. 도래울 마을은 2면이 창릉지구와 연결되어 있고 같은 생활권 속에 속해있습니다.

특히 창릉천은 천혜의 녹지고 도시의 열섬화를 막아줄 방호벽입니다. 도래울마을 창릉천의 모습이 창릉신도시 개발 후에도 유지하는 게 하나라면 사람이 건널 수 있는 인도교 등

교통축 확보가 둘째가 될 것입니다.

창릉신도시는 길게 늘어진 것이 특징입니다. 도래울마을이 오히려 창릉 중심부에 가깝습니다. 원흥과 삼송 역시 창릉 신도시를 둘러싼 하나의 거대한 주거지역이 되는 것입니다. 그래서 원흥과 삼송 모두 창릉신도시가 추진하는 스마트시티의 최고 혜택을 받는 지역으로 반드시 만들어야 합니다.

GTX, 고양선, S-BRT 및 광역교통 개선 대책 모두의 혜택을 받는 도시로 만들기 위해서 LH에 끊임없이 요구하는 지역 정치권의 하나가 된 목소리가 필요합니다. 저는 시장으로 재임하며 LH를 겪어왔고 LH와 긴장 관계를 끊임없이 유지하며 고양시의 이익을 찾아내는 것에 온 힘을 기울였습니다.

삼송역 환승주차장을 확보하기 위한 임시 시장실을 만들고 LH와 한 치 물러섬이 협상을 벌여 90여억 원을 벌었고 덕은역을 두고 LH의 꼼수 행정에 대해 절대 묵과하지 않았습니다. 그리고 창릉신도시를 통한 LH만의 이익을 고양시로 가져오기 위해 기초단체로는 제일 큰 지분 10%를 투자한 것입니다. 삼송지구 개발이익 520여억 원을 부과하였고 원흥역 앞 주차장 용도변경을 불허하고 고양시가 매입토록 추진했습니다. 끊임없이 협상 우위 전략을 쓴 것에 대해 자부심을 가집니다.

결론은 예리하게 싸워야 된다는 것입니다. 시민의 이익을 염두에 두고 절대 물러서지 않고 이론적 근거를 찾아 실천적 투쟁을 한다면 시민 행복으로 귀결될 것입니다. 이제 다시 투쟁의 시간이 찾아오고 있습니다.

LH와 국토부를 강력히 견제하고 지역에 더 많은 이익이 오도록 해야 합니다. 그리고 그것을 할 수 있는 사람, 행동으로 보여준 사람들이 새로이 정치세력을 구성해 시민과 함께해야 합니다.

창릉으로 말미암아 도래울, 원흥과 삼송은 새로운 기회를 맞게 됩니다. 일각의 우려처럼 물량에 압도되어 뒤처지는 도시가 된다는 것을 쓸데없는 걱정으로 만들고 서북권 최고의 도시로 만들어 갈 절호의 기회로 활용해야 할 것입니다.

6

민주주의는
정당 앞에서 멈추지 않아야

'민주주의는 회사 문 앞에서 멈춘다'라는 책이 있습니다. 저는 민주주의가 멈추는 한 곳을 더하고 싶습니다. 바로 한국의 정당일 것입니다.

자유로운 상상력과 제약 없는 자발적 참여를 전제로 지속적 성장을 추구해야 급변하는 사회에서 살아남을 수 있는 두 곳이 바로 기업과 정당인 것입니다. 기업은 자본주의라는 정글에서, 정당은 급변하는 국제사회에서 한국호가 나아가야 할 방향을 정해야 하므로 지속적 성장을 추구해야 하는 것은 숙명입니다.

그런데 회사와 정당이 민주주의를 실천하지 않고 한두 사람의 의사결정으로 운영된다면 어떠할까요? 이른바, 영웅 서사에서는 한 사람의 영웅이나 천재가 모든 것을 다 이룬 것처럼 말하곤 하지만 실상은 영웅이 되기 위해서 수많은 사람과 지시 체계가 준비되어 있다는 것입니다.

특히나 세상이 급변하고 있습니다. 한 사람이 모든 것을 다 알 수 없습니다. 우리가 무수히 듣는 이른바 '집단지성'의 시대는 당연히 받아들여야 합니다. 모든 직원이 각기 다른 시각에서 자유롭게 생각한 것들이 자발적 참여에 의한 수렴과정을 거쳐 하나의 목표에 집중될 때 창의성과 혁신은 거대한 경쟁력으로 선물처럼 다가오는 것입니다.

그것이 집단지성의 사회이며 '초거대 인공신경망(AI)'으로 연결될 초(超)연결, 초(超)지성의 시대에 살아남기 위한 좋은 '자료 모음(Data sets)'과 인간을 위한 최종 판단을 가능케 할 '미세 조정(Fine-tuning)'을 가능케 하는 근본적인 바탕이 될 것입니다.

생산성의 엄청난 혁신을 앞둔 새로운 기술혁명의 시대에 더욱더 국가의 경쟁력과 국민의 행복을 위해 더욱 자유로운 상상력과 제약 없는 자발적 참여는 필수적으로 보장해야 합니다.

정당은 어떠할까요? 앞서 정당이 한국호의 방향을 결정한 중대한 임무를 띤다고 말씀드렸습니다. 기업을 압도할 정도로 더욱 자유로운 상상력과 제약 없는 자발적 참여를 정당은 보장해야 합니다.

제가 정치에 입문하며 수행했던 노무현 대통령께서는 측근 참모들을 '동지'라 불렀습니다. 수평적 관계여야 정책 등을 생산하는 데 있어 힘이 된다는 것이 확고한 신념이셨습니다. 그 시절 수평적 관계에서 오는 정당민주주의를 몸소 배운 저는 정당은 수평적인 관계 하의 동지들이 모여 우리의 꿈을 이루어 가야 한다는 생각을 가지게 됐습니다.

2016년 고양 '갑' 지역위원장을 맡고 그간 해오던 취임 행사를 대신하여 '우터리' 행사를 했습니다. '우리 터놓고 얘기합시다.'란 행사로 지역 문제 해결과 지역위원회 활성화 방안의 토론회를 개최했습니다. 그 후 '우터리' 행사는 동별로 돌아가며 진행되었고 청년위원회를 할 수 있는 한 전폭적으로 지원했습니다. 각종 교육프로그램을 청년위원회가 주최토록 했고 고양시 출신 청년들이 정치에 참여해야 한다며 독려했습니다.

모든 시도의원이 1년에 1번 이상 동별 의정 보고회를 열도록 했고 지역 속에 존재하도록 했습니다. 모두가 동지로서,

모두 함께하는 정치라야 승리할 수 있습니다. 민주주의라는 것은 서로 다른 생각의 차이를 좁혀 미래를 향해가는 것입니다. 갈등을 해소해야 하는 정치가 오히려 갈등을 부추기고 분열시키고 그래서 힘의 논리로 제압하는 현실을 보며 국민은 한숨을 쉬고 있습니다. 줄 세우고 군림하며 가상의 적을 만들어 오직 정쟁으로 물드는 정치를 해서는 안 됩니다. 함께 하나가 되어 국민의 민생 속으로 깊이 빠져들어 같이 호흡하며 생동하는 정치여야 이길 수 있습니다.

한 시민이 화를 내셨습니다. "저 현수막이 뭐냐"고. "온통 비속어에 남 헐뜯는 얘기뿐이지 않냐"고 말입니다. 부끄러워서 고개를 들 수 없었습니다. 못난 정치를 시민들이 자유롭게 나무라고 투표로 심판해야 민주주의가 삽니다. 민주주의의 오염으로 극단적 진영대립이 우리가 정상적으로 바라온 민주주의를 압도하는 현실입니다. 모든 이가 인정하는 정치의 본질적 기능과 대의명분도 나의 이익이 있다면 뒤집는 게 당연한 세상이 되었습니다. 정치가 아름다울 때는 시민 속에 있을 때입니다. 극단적인 언어를 통해 돌출되고 튀는 정치가 아니라 국민과 같은 눈높이로 바라보며 공감할 수 있는 정치의 넓은 품이 절실하게 필요합니다.

"용각산은 소리가 나지 않습니다."

오래된 광고 문구입니다. 정치가 극성지지자들이 있어야만 유력정치인으로 불리는 현실입니다. 그래서 정치인이 마치 쇼에 능숙한 것이 능력인 것처럼 판단되는 현실입니다.

그러나 어떤 현실에도 변하지 않는 진실은 정치는 정치의 본연적인 역할, 갈등의 조정, 자원의 재분배, 그리고 우리가 나아가야 할 철학과 가치관을 고민할 때 가장 아름답게 빛난다는 저의 신념은 더욱더 확고해지고 있습니다.

임기 4년의 국회의원이라면 그 기간 모든 것을 쏟아내는 정치인이 단 한 사람이라도 있어야 합니다. 쇼를 즐기며 자기가 주인공이 되는 정치라기보단, 쇼의 주인공은 바로 지금 절실히 대한민국을 지키고 있는 일상을 살아내는 우리 국민임을 약속하고 지킬 공복으로서의 정치인이 필요한 것입니다.

국민을 외롭게 만들지 않는 정치가 필요합니다. 제가 정치를 하는 동안 소신을 지키며 여러 오해를 받았지만 외롭지 않았습니다. 바로 국민과 함께했기 때문입니다.

이제 국민이 외롭지 않도록 저도 힘이 되는 정치인이 더욱 되고 싶습니다. 그리고 제 주변의 모든 정치인이 그런 정치인들이 되도록 큰 장을 만들고 싶습니다.

그 길에서 만나고 싶습니다.

재평가의 아이콘 이재준

초판 1쇄 발행　2023년 10월 31일

지은이　　　이재준
펴낸이　　　김동하

펴낸곳　　　책들의정원
출판신고　　2015년 1월 14일 제2016-000120호
주소　　　　(10881) 경기도 파주시 산남로 5-86
문의　　　　(070) 7853-8600
팩스　　　　(02) 6020-8601
이메일　　　books-garden1@naver.com

ISBN 979-11-6416-181-2 (03340)